Adolf Deissmann

Neue Bibelstudien

Sprachgeschichtliche Beiträge, zumeist aus den Papyri und Inschriften, zur Erklärung des Neuen Testaments

Adolf Deissmann

Neue Bibelstudien
Sprachgeschichtliche Beiträge, zumeist aus den Papyri und Inschriften, zur Erklärung des Neuen Testaments

ISBN/EAN: 9783743495333

Hergestellt in Europa, USA, Kanada, Australien, Japan

Cover: Foto ©Lupo / pixelio.de

Manufactured and distributed by brebook publishing software (www.brebook.com)

Adolf Deissmann

Neue Bibelstudien

Neue Bibelstudien.

Sprachgeschichtliche Beiträge,
zumeist aus den Papyri und Inschriften,

zur

Erklärung des Neuen Testaments

von

Lic. theol. G. Adolf Deissmann,
Pfarrer und Lehrer am Kgl. Theologischen Seminar zu Herborn.

Mit einer Abbildung im Text.

Marburg.
N. G. Elwert'sche Verlagsbuchhandlung.
1897.

D. Hans Hinrich Wendt

zum

Geburtstage 1897.

Inhaltsübersicht.

	Seite
Vorwort	VII
Einleitendes	1
I. Zur Orthographie	9
1. Vokalwandel	9
2. Konsonantenwandel	11
II. Zur Formenlehre	14
1. Deklination	14
2. Eigennamen	15
3. Verbum	17
III. Zum Lexikon und zur Syntax	22
1. Angebliche Hebraismen	22
2. Angeblich »judengriechische«, »biblische« resp. »neutestamentliche« Wörter und Konstruktionen	26
3. Gemeingriechisches von angeblich »biblischer« resp. »neutestamentlicher« Specialbedeutung oder -konstruktion	51
4. Technische Ausdrücke	55
5. Formelhaftes Sprachgut	75
6. Seltenere Wörter, Bedeutungen und Konstruktionen	84
Abkürzungen	96
Indices	97

Vorwort.

Der Titel *Neue Bibelstudien* weist zurück auf meine früher erschienenen *Bibelstudien*.[1] Die hier S. 55—168 gegebenen »Beiträge zur Sprachgeschichte der griechischen Bibel« setze ich in dem vorliegenden Hefte für das Neue Testament fort. Derartige Untersuchungen auch fernerhin anzustellen, ist meine Absicht: sie sollen — *sub conditione Jacobea* — dereinst zu einem Wörterbuch zum Neuen Testament führen.

Ein Teil der folgenden Artikel war bereits im Manuskript abgeschlossen, als BLASS' Grammatik des Neutestamentlichen Griechisch erschien. Zu ihren Aufstellungen habe ich mich bei den betreffenden Artikeln in Nachträgen kurz geäussert; bei den übrigen aber ist im Texte selbst auf die neue Grammatik Bezug genommen, wo ich es für geboten hielt.

Die citierten Stellen der Inschriften und Papyri habe ich immer mit möglichst genauer Zeitangabe versehen. Dabei schwankte ich zuerst, ob ich die überaus zahlreichen Papyrusstellen, die bis auf Monat und Tag zu datieren sind, nicht auch immer so citieren solle. Würde man dieses Verfahren konsequent durchführen, so würde zweifellos der Eindruck der frischen Unmittelbarkeit und Ursprünglichkeit dieser Zeugnisse wesentlich verstärkt werden. Aber es wäre auf die Dauer doch ein sehr umständliches Verfahren, namentlich da, wo die Citate sich häufen. So habe ich denn nur einige wenige Stellen, die sich am ersten dafür eigneten, mit

---

[1] Bibelstudien. Beiträge, zumeist aus den Papyri und Inschriften, zur Geschichte der Sprache, des Schrifttums und der Religion des hellenistischen Judentums und des Urchristentums. Mit einer Tafel in Lichtdruck. Marburg. N. G. Elwert'sche Verlagsbuchhandlung. 1895.

Monats- und Tagesdatum versehen. Der Leser wolle sich aber erinnern, dass die Mehrzahl der mit Jahresangabe citierten Papyrusstellen bis auf den Tag genau datiert werden kann. Die Arbeit ist in den mir nicht übermässig reichlich zugemessenen Mussestunden des letzten Jahres entstanden. Blicke ich auf diese Zeit zurück, so muss ich mit dem Gefühle wärmster Dankbarkeit der freundlichen Unterstützung durch mehrere Gelehrte gedenken, deren Namen ich da nenne, wo sie mir ausgeholfen haben. Dass infolgedessen die Arbeit an einigen Stellen den Charakter eines Eranos trägt, wird ja der Sache selbst nur dienlich sein. Mir ist hier in der Stadt GEORG PASOR's, des ersten neutestamentlichen Lexikographen, vieles nicht ohne weiteres zugänglich, da unsere Seminarbibliothek naturgemäss mehr mit »theologischer« Litteratur — und selbst mit dieser nur ungenügend — versehen ist. Um so mehr schätze ich die ausserordentliche Liberalität, deren ich mich vonseiten der Verwaltung der Königlichen Universitätsbibliothek zu Marburg erfreuen durfte. Und wo es sich um nicht verleihbare Werke, wie z. B. die grösseren Inschriftensammlungen, handelte, besorgte mir in einer ganzen Anzahl von Fällen Herr Dr. PAUL JÜNGES in Marburg Citate und dergleichen mit der bewährten Zuverlässigkeit des Freundes. Er half nebst Herrn Kand. HEINRICH BREDE in Hofgeismar auch wieder bei der Korrektur[1]; ich sage beiden Mitarbeitern auch hier meinen herzlichen Dank.

Das ist viel Dank, und was ich nachher darbieten kann, sind doch nur wenige Blätter. Aber ich möchte nicht zu denen gehören, von welchen Jesus der Sohn Sirachs aus Jerusalem sagt: πολλοὶ ὡς εὕρεμα ἐνόμισαν δάνος.

Herborn (Bezirk Wiesbaden), den 28. Mai 1897.

G. Adolf Deissmann.

---

[1] Wörtliche Citate sind in ihrer formellen Eigenart belassen. — Ich bitte die, welche sich daran stossen, um Entschuldigung, dass der Artikel χάραγμα aus der strengen alphabetischen Reihe geraten ist.

In der dritten Abhandlung meiner Bibelstudien hatte ich die weit verbreitete Meinung zu berichtigen gesucht, dass das Neue Testament sprachlich eine Einheit und eine Individualität darstelle. Die meist lexikalischen Artikel dieser Abhandlung dienten sodann der Begründung der These, dass ein sprachgeschichtliches Verständnis der neutestamentlichen (und schon der Septuaginta-) Texte nur erzielt werde, wenn sie in ihren sprachgeschichtlichen Zusammenhang gestellt, also als Denkmäler des späteren Griechisch gewertet würden.

FRIEDRICH BLASS hat sich in seiner Anzeige meines Buches[1] zu dieser Fragestellung folgendermassen geäussert:

»Die dritte Abhandlung geht wieder[2] von allgemeinen Betrachtungen aus, deren Ziel ist, dass man Unrecht thue, eine neutestamentliche oder auch eine biblische Gräcität als etwas Gesondertes und Isolirtes anzusehen, während die Papyrusurkunden und Inschriften wesentlich gleichartig seien und ebenfalls zum „Buch der Menschheit" gehörten, dem man „Pietät" schuldig sei.« Uns scheint dies mehr naturalistisch als theologisch geredet;[3]

---

[1] ThLZ XX (1895) 487.

[2] Dieses *wieder* bezieht sich auf eine vorhergehende Bemerkung, wonach BLASS mir meine »allgemeinen, nicht immer kurzen Betrachtungen gern geschenkt« hätte.

[3] Hier ist BLASS das Opfer eines Missverständnisses geworden. Ich habe Bibelstudien 78 f. gesagt, wenn man Beobachtungen aus den Inschriften zur neutestamentlichen Sprachgeschichte anstelle, folge man nicht nur der Stimme der Wissenschaft, »sondern auch den Geboten der Pietät gegen das Buch der Menschheit«. Das *Buch der Menschheit* ist das Neue Testament. Ich vertrete die Ansicht, dass jeder, auch der kleinste wirkliche Beitrag zum geschichtlichen Verständnis des N. T. nicht nur wissenschaftlichen Wert hat, sondern auch aus Ehrfurcht gegen das heilige Buch bewillkommt werden muss. Man kann die Bibel durch nichts höher ehren, als durch eine möglichst getreue Erfassung ihres buchstäblichen Sinnes.

doch abgesehen hiervon bleibt es unanfechtbar, dass innerhalb des griechischen Schriftthums die neutestamentlichen Bücher eine besondere, zunächst aus sich zu erklärende Gruppe bilden, einmal des eigenthümlichen Geistes wegen, und zweitens weil sie allein oder fast allein uns die damalige Volkssprache im Gegensatz zur literarischen zwar nicht ganz, aber doch leidlich unverfälscht und in Stücken grossen Umfanges darstellen. Hieran ändern auch alle Papyrus nichts, und wenn ihrer noch viel mehr würden: der Geist und damit der innere Werth geht ihnen ab, und dazu sind sie zu einem beträchtlichen Theile in Kanzleisprache oder Buchsprache verfasst. Eine vollkommen isolirte Stellung des N. T. wird ja wohl kein Mensch behaupten, noch anders als denkbar sein, wenn eine seltsame Wendung einmal durch die Parallele in einem Papyrus Licht und Klarheit empfängt. Man thut aber wohl, seine Erwartungen nicht zu hoch zu spannen.«

Ich muss gestehen, dass ich von philologischer Seite diesen Widerspruch nicht erwartet hatte.[1] Jedenfalls haben die Einwendungen eines auch in theologischen Kreisen so bekannten Gräcisten ihren Eindruck auf mich nicht verfehlt. Sie legten mir nahe, meine These nochmals gründlicher zu durchdenken und ihre Stichhaltigkeit in der Kleinarbeit der Einzelforschung zu erproben. Aber je mehr ich Gelegenheit hatte, nichtlitterarische griechische Texte der römischen Kaiserzeit zu lesen, um so deutlicher sah ich mich in die Notwendigkeit versetzt, den Antithesen des Hallischen Gelehrten zu widersprechen.

Inzwischen hat BLASS seine Grammatik des Neutestamentlichen Griechisch[2] erscheinen lassen. Wie zu erwarten war, nimmt er in der Einleitung Stellung zu der ganzen Frage. Man wird das Erstaunen begreiflich finden, mit dem ich S. 2 folgendes las:

».. ganz rein, viel reiner noch als selbst im NT., tritt die gesprochene Sprache in ihren verschiedenen Abstufungen (deren natürlich auch sie gemäss Stand und Bildung nicht entbehrte) in den privaten Aufzeichnungen hervor, deren Zahl und Bedeutung durch die sich mehrenden Funde Aegyptens in fortwährendem Steigen begriffen ist. In diesen Zusammenhang also lässt sich die neutestamentliche Sprache mit allem Rechte ein-

---

[1] Erst später sah ich, dass BLASS schon vorher ThLZ XIX (1894) 338 gelegentlich die Äusserung gethan hatte, das neutestamentliche Griechisch sei »als ein besonderes, seinen eigenen Gesetzen folgendes anzuerkennen«.

[2] Göttingen 1896.

gliedern, und wer eine Grammatik der damaligen Volkssprache schreibt, auf Grund aller dieser verschiedenen Zeugnisse und Denkmäler, verfährt vom Standpunkte des Grammatikers vielleicht richtiger, als wer sich auf die Sprache des NT. beschränkt.«[1]

Sehe ich recht, so hat BLASS mit diesen Sätzen seinen Widerspruch gegen meine These aufgegeben. Ich für mein Teil wüsste wenigstens nicht, was ich an den zuletzt citierten Worten auszusetzen hätte, oder worin sie sich von den Gedanken unterschieden, deren Richtigkeit BLASS seiner Zeit bestritten hatte. Wenn wir sodann in der Grammatik weiterlesen:

»Indessen die praktischen Erwägungen, von denen wir ausgingen, werden fort und fort eine solche Beschränkung auferlegen; denn es ist nicht gleichwertig, was ein beliebiger Aegypter in einem Briefe oder einer Verkaufsurkunde schreibt, und was die Männer des NT. geschrieben haben« —

so bedarf es meinerseits wohl kaum der Versicherung, dass ich die Richtigkeit auch dieser Worte an sich nicht bezweifele. Aus praktischen Gründen, wegen der Bedürfnisse des Bibelstudiums, wird es so bleiben, dass die sprachlichen Verhältnisse des Neuen Testaments und überhaupt der griechischen Bibel gesondert dargestellt werden dürfen, aber freilich nicht als die Erscheinungen eines besonderen, nach eigenen Gesetzen zu beurteilenden Idioms.

Der Gesichtspunkt des inneren Wertes des neutestamentlichen Gedankenmaterials übrigens, den BLASS auch noch in den citierten Worten der Grammatik betont, gehört nicht in diesen Zusammenhang. Dem Grammatiker muss es völlig einerlei sein, ob er $\dot{\epsilon}\acute{\alpha}\nu$ für $\ddot{\alpha}\nu$ im Neuen Testament oder in einer Faijûmer Verkaufsurkunde vorfindet, und der Lexikograph muss $\varkappa\nu\varrho\iota\alpha\varkappa\acute{o}\varsigma$ in den heidnischen Papyri und Inschriften ebenso sorgfältig registrieren, wie bei dem Apostel Paulus.

Die folgenden Untersuchungen sind zum Teil in ein polemisches Schema gebracht. Denn wenn ich auch durch BLASS' gegenwärtige Stellungnahme einer principiellen Auseinandersetzung mit ihm enthoben bin, so hat die sprachgeschichtliche Methode der biblischen Philologie doch der Gegner noch sehr viele.

---

[1] Hierzu verweist BLASS in der Anmerkung auf meine Bibelstudien 57 ff.

Ich denke hierbei zunächst an die unbewussten Gegner und verstehe darunter die, welche in den Einzelfragen der Exegese und auch der Textkritik unter dem Banne des »neutestamentlichen« Griechisch stehen, ohne je veranlasst gewesen zu sein, sich die ganze Sache einmal principiell zu überlegen. Zu ihnen rechne ich, bei grösster Hochschätzung seiner bleibenden Verdienste um die Sanierung der exegetischen Studien, den nicht mehr unter den Lebenden weilenden Bearbeiter der WILKE'schen *Clavis Novi Testamenti Philologica* WILIBALD GRIMM. Schon eine Vergleichung der zweiten[1] und der wenig veränderten dritten[2] Auflage seines Werks mit der englischen Bearbeitung durch JOSEPH HENRY THAYER[3] — dem besten, weil zuverlässigsten der mir bekannten Wörterbücher zum N. T. — lässt manche Schwächen nicht nur seiner Angaben, sondern auch seiner Methode erkennen. Sein Buch spiegelt den Stand der philologischen Forschung etwa der fünfziger und sechziger Jahre wieder. Die Meinung wenigstens von der specifischen Eigenart des neutestamentlichen Griechisch konnte damals mit einem grösseren Scheine von Recht vertreten werden, als heute: von allen damals bekannten Denkmälern des nichtlitterarischen und des späteren Griechisch waren die neutestamentlichen Texte allerdings wohl die charakteristischsten. Heute aber sind uns Quellen zu seiner Erforschung erschlossen, angesichts deren die sprachliche Isolierung des Neuen Testaments, auch die mehr verschämte, die über viele unserer Kommentarwerke einen Hauch ehrwürdiger Romantik verbreitet, den letzten Schein von Recht verlieren wird.

Zu den bewussten d. h. principiellen Gegnern rechne ich HERMANN CREMER. Sein Biblisch-theologisches Wörterbuch der Neutestamentlichen Gräcität[4] hat zur Grundlage den Gedanken der sprachbildenden Kraft des Christentums. Als sprachwissenschaftlicher Kanon wird dieser Gedanke zur Fessel der Forschung. Und er versagt ohne weiteres in der Formenlehre. Die hervor-

---

[1] *Lipsiae 1879*.
[2] Ebenda *1888* [im folgenden citiert *Clavis*'].
[3] Ich citiere die *Corrected Edition, New-York 1896*.
[4] 8. Auflage, Gotha 1895.

stechendste Eigentümlichkeit des »neutestamentlichen« Griechisch
— nehmen wir einmal diesen Begriff hin — ist aber gerade
die Formenlehre. Er versagt auch sehr häufig in der Syntax.
Hier lassen sich viele sehr markante Erscheinungen mit dem
besten Willen nicht isolieren. Die wenigen hebraisierenden
Wendungen der originalgriechischen Bestandteile des Neuen
Testaments [1] sind ein Accidens, welches den Grundcharakter
seiner Sprache nicht wesentlich verändert. Es verhält sich mit
ihnen ähnlich wie mit den Hebraismen der deutschen Bibel,
die trotz mancher semitisch unterlegter Fügungen ein deutsches
Buch ist. So bleibt nur das Lexikalische im engeren Sinne
übrig, mit dem sich das CREMER'sche Buch ja auch fast ausschliesslich beschäftigt. Bei vielen (nicht bei allen, auch nicht
bei allen wichtigeren) Artikeln zeigt sich hier mehr oder weniger
deutlich die Tendenz, neue »biblische« resp. »neutestamentliche«
Wörter oder neue »biblische« resp. »neutestamentliche« Bedeutungen alter griechischer Wörter zu konstatieren. Dass es
»biblische« und »neutestamentliche« oder sagen wir besser
von den griechischen Juden und Christen neugebildete Wörter
und Bedeutungsabwandlungen gibt, ist unbestreitbar. Jede ge-
schichtlich wirksame Kulturbewegung bereichert die Sprachen
um neue Begriffe und erfüllt das alte Sprachgut mit neuem
Gehalte. Wäre also der Grundgedanke CREMER's lediglich als
religionsgeschichtliches Erkenntnismittel gemeint, dann wäre er
annehmbar. Aber er wird nicht selten zum sprachgeschichtlichen Princip: nicht die Gedanken der alten Christen werden
dargestellt, sondern ihre »Gräcität«. Sprachgeschichtlich orientiert
ist ein Lexikon, wenn es zuerst immer die Frage zu beantworten
sucht: Inwieweit haben wir für die einzelnen Wörter und Begriffe Anknüpfungspunkte im Sprachgebrauche ihres Zeitalters?
CREMER fragt gern umgekehrt: Inwiefern unterscheidet sich
der christliche Gebrauch von dem heidnischen? In zweifel-
haften Fällen ist es m. E. das Natürliche, sich mit der Annahme des gewöhnlichen Sprachgebrauchs ohne weiteres zu

---

[1] Was im N. T. auf Übersetzungen zurückgeht, ist für sich zu be-
trachten.

begnügen; CREMER konstatiert hier gern etwas Sonderchristliches oder doch Sonderbiblisches.

Trotz des zum Teil polemischen Schemas sehen die folgenden Untersuchungen in der Polemik nicht ihren Hauptzweck. Sie wollen zum Verständnis des Neuen Testaments positives Material[1] aus den ungefähr gleichzeitigen Denkmälern des späteren Griechisch bieten[2] und an ihrem Teile beitragen zur Befreiung des Bibelstudiums aus den Schranken des Herkommens, zu seiner Verweltlichung im guten Sinne dieses Wortes. Sie nehmen damit etwa die Arbeit der emsigen Sammler von »Observationen« im vorigen Jahrhundert wieder auf. Weshalb die seitdem neu erschlossenen Beobachtungsgebiete gerade für die sprachliche Erforschung der griechischen Bibel so besonders wichtig sind, habe ich bereits früher ausgeführt und an Beispielen erhärtet.[3] Für die folgenden Blätter sind bearbeitet

von Inschriftensammlungen die Inschriften von Pergamon[4] und die der Inseln des Ägäischen Meeres fasc. 1[5],

---

[1] Dass ich mich bei den Untersuchungen zur Orthographie und Formenlehre darauf beschränkt habe, das Material einfach mitzuteilen ohne Hinzufügung eines Urteils, wird mir kein Einsichtiger verargen. Nichts ist gefährlicher z. B. auch in der Textkritik, als aufgrund vereinzelter Beobachtungen allgemeine Urteile auszusprechen. Aber dem Forscher, der in den Problemen steht und die Zusammenhänge überschaut, wird solches Einzelmaterial hier und da einen Dienst leisten können.

[2] Umgekehrt enthält natürlich auch die griechische Bibel vieles, was das Verständnis der Inschriften und Papyri fördern kann.

[3] Bibelstudien 65—168, vgl. auch GGA 1896, 761—769 und ThLZ XXI (1896) 609—615.

[4] Altertümer von Pergamon herausgegeben im Auftrage des Königlich Preussischen Ministers der geistlichen, Unterrichts- und Medicinal-Angelegenheiten, Band VIII: Die Inschriften von Pergamon unter Mitwirkung von ERNST FABRICIUS und CARL SCHUCHHARDT herausgegeben von MAX FRÄNKEL, 1. Bis zum Ende der Königszeit, Berlin 1890, 2. Römische Zeit. — Inschriften auf Thon, Berlin 1895 [im folgenden citiert Perg. resp. FRÄNKEL].

[5] *Inscriptiones Graecae insularum Maris Aegaei consilio et auctoritate Academiae Litterarum Regiae Borussicae editae. Fasciculus primus: Inscriptiones Graecae insularum Rhodi Chalces Carpathi cum Saro Casi... edidit* FRIDERICUS HILLER DE GAERTRINGEN, *Berolini 1895* [im folgenden citiert IMAe].

von Papyruspublikationen die Berliner Ägyptischen Urkunden Bd. I und Bd. II Heft 1—9 [1], sowie die Papyri des Erzherzogs Rainer Bd. I.[2]

Das Hauptaugenmerk richtete ich dabei auf das Lexikalische und möchte ausdrücklich erklären, dass eine Nachlese inbezug auf die Orthographica und die Formenbildung sich sicherlich lohnen wird. Überhaupt bitte ich um recht genaue Nachprüfung. Von dem Lexikalischen lasse ich nur das Wichtigste folgen. Da mir der für die Erforschung der LXX notwendige Apparat hier nicht zugebote steht, habe ich schweren Herzens von ihrer Berücksichtigung fast völlig abgesehen; ich habe jedoch Grund zur Annahme, dass gerade die Berliner und Wiener Papyri trotz ihres jüngeren Alters für das Lexikon der LXX einen ansehnlichen Ertrag abwerfen werden, und dass dasselbe namentlich von den pergamenischen Inschriften inbezug auf die Makkabäerbücher gilt.

Man könnte sagen, die beiden Gruppen von Quellenwerken seien von mir willkürlich zusammengeworfen. Aber das ist doch nicht ganz der Fall. Sie repräsentieren Sprachdenkmäler aus Kleinasien [3] und Ägypten, also aus den Gebieten, die für das griechische Christentum mehr inbetracht kommen, als andere. Und gewiss wird das Meiste, was sie enthalten, nicht lokal begrenztes Gut gewesen sein.

Die Ausbeute aus den Papyri ist bei weitem grösser, als die aus den Inschriften. Die Gründe liegen auf der Hand. Fast könnte man sagen, die Verschiedenheit des Schreibmaterials bedinge jenen Unterschied. Der Papyrus ist geduldig und dient intimen Zwecken, der Stein ist spröde

---

[1] Aegyptische Urkunden aus den Königlichen Museen zu Berlin herausgegeben von der Generalverwaltung Griechische Urkunden. Erster Band, Berlin [beendigt] 1895; Zweiter Band, Heft 1—9, Berlin 1894 ff. [im folgenden citiert BU].

[2] *Corpus Papyrorum Raineri Archiducis Austriae Vol. I.* Griechische Texte herausgegeben von Carl Wessely, I. Band: Rechtsurkunden unter Mitwirkung von Ludwig Mitteis, Wien 1895 [im folgenden citiert PER].

[3] Man denke nur an die Bedeutung von Pergamon für das ältere Christentum.

und steht öffentlich vor aller Augen auf den Märkten, in den Tempeln oder bei den Gräbern. Die Inschriften, besonders die längeren und offiziellen, nähern sich in ihrem Stile oft der Litteratursprache und haben deshalb leicht etwas Gesuchtes und Geziertes. Was auf den Papyrusblättern steht, ist viel ungekünstelter, denn es ist durch die tausenderlei Bedürfnisse und Situationen des täglichen Lebens der kleinen Leute veranlasst. Zeigen auch die Rechtsurkunden einen gewissen feststehenden Sprachgebrauch mit allem Formelkram der Schreibstube, so geben sich z. B. die vielen Briefschreiber und -schreiberinnen um so ungezwungener. Das gilt namentlich für alles mehr Formelle. Für das Lexikalische gewähren auch die Inschriften einen Ertrag, der die Arbeit reichlich lohnt. Was erst die umfassenden von mir noch nicht im Zusammenhange gelesenen Inschriftensammlungen alles bieten werden, das lassen die gelegentlichen Funde ahnen, zu denen mich Citate bei FRÄNKEL etc. geführt haben. Was können wir z. B. aus der einen Inschrift des Lykiers Xanthos[1] lernen!

Möchten die zahlreichen Denkmäler des Altertums, die unser Zeitalter uns wiedergeschenkt hat, und die für andere Gebiete der Wissenschaft bereits so erfolgreich bearbeitet worden sind, immer mehr auch im Interesse der sprachgeschichtlichen Erforschung der griechischen Bibel untersucht werden. Hier ist Gelegenheit, *Thatsachen* zu ermitteln.

---

[1] Vgl. unten *sub* καθαρίζω, βιάζομαι, ἱλάσκομαι.

L
Zur Orthographie.

Die orthographischen Probleme der neutestamentlichen Schriften sind äusserst verwickelt. Jedenfalls steht Eines fest: es ist ein Wahn, wenn man nach einer »neutestamentlichen« Orthographie forscht, — vorausgesetzt, dass man darunter die von den Verfassern befolgte Originalschreibweise versteht. Man kommt da höchstens auf Vermutungen inbezug auf einen einzelnen Autor; »das« Neue Testament kann wirklich nicht Objekt der Forschung sein.[1] Ich möchte hierbei betonen, dass ich mich — bei allem sonstigen Widerspruche — in diesem Punkte in erfreulicher Übereinstimmung mit CREMER befinde, der sich dagegen ausgesprochen hat, dass man etwa dem Lukas, dem Paulus und dem Verfasser des Hebräerbriefes ohne weiteres die gleiche Orthographie aufdränge.[2] Das nächste Ziel der Untersuchung muss etwa dies sein, festzustellen, welche Schreibungen in der Kaiserzeit in Kleinasien, Ägypten etc. möglich waren. Dabei ist natürlich von offenbaren Schreibfehlern abzusehen. In dieser Hinsicht sollen die folgenden Beobachtungen Material abgeben.

1. Vokalwandel.

a) Die Femininendung -ία für -εία.[3] Dass 2 Cor. 10₄ στρατίας (= στρατείας) und nicht στρατιᾶς gemeint ist, sollte nicht länger bestritten werden. Es ist eigentlich überflüssig, Belege dafür zu sammeln, dass στρατεία auch στρατία geschrieben

---
[1] Vergl. schon Bibelstudien 76. Gute Bemerkungen macht W. SCHMID GGA 1895, 36 f.
[2] ᵃXIII (Vorwort zur 4. Auflage).
[3] WINER-SCHMIEDEL § 5, 13 c (S. 44), BLASS, Gr. S. 9.

werden konnte. Immerhin soll die Schreibweise der Faijûmer Papyri notiert werden. Feldzüge werden hier öfter erwähnt, da es sich in den Urkunden nicht selten um die Angelegenheiten von Soldaten oder Veteranen handelt. στρατεία schreiben PER I₈ (83,84 n. Chr.), BU 140 ₁₁. ₂₃ (ca. 100 n. Chr.), 581₄. ₁₅ (133 n. Chr.), 256 ₁₅ (Zeit des Antoninus Pius), 180 ₁₅ (172 n. Chr.), 592 I₆ (2. Jahrh. n. Chr.), 625 ₁₄ (2./3. Jahrh. n. Chr.); στρατία schreiben 195 ₈₀ (161 n. Chr.), 448 [= 161] ₁₄ (2. Hälfte des 2. Jahrh. n. Chr.), 614 ₂₀ (217 n. Chr.). Auch 613 ₂₈ (Zeit des Antoninus Pius), wo VIERECK στρατιαῖς hat, würde ich στρατίαις accentuieren.

b) **Wechsel von α und ε.** Von ἐγγραρεύω (Matth. 5 ₄₁ א, Marc. 15 ₂₁ א*B*) für ἀγγαρεύω [1] sagt TISCHENDORF zur letzteren Stelle, »*quam formam in usu fuisse haud incredibile est, hinc nec aliena a textu*«. Ein Papyrus des 4. Jahrhunderts zeigt ebenfalls die Schreibung mit ε im Substantivum: BU 21 III ₁₆ (Provenienz unsicher, 340 n. Chr.) ἐγαρίας.

Δελματία 2 Tim. 4 ₁₀ C u. a. (*Δερματία* A) für *Δαλματία*[2] soll nach WINER-SCHMIEDEL § 5,20c (S. 50) »wahrscheinlich alexandrinisch, vielleicht aber auch ursprünglich« sein. BU 93 ₇ (Faijûm, 2./3. Jahrh. n. Chr.) bietet ε in δελματική, PER XXI ₁₆ (Faijûm, 230 n. Chr.) dagegen schreibt δαλματική. Eine »alexandrinische« Schreibung dürfte kaum festzulegen sein.

c) **Die Kontraktion von ιει = ii in langes ι**[3] findet sich in den (neutestamentlichen) Fällen ταμεῖον und πεῖν auch in den Papyri. Ταμιεῖον las ich nur einmal BU 106 ₈ (Faijûm, 199 n. Chr.), sonst immer[4] ταμεῖον: PER I ₁₈. ₈₀ (83/84 n. Chr.), BU 75 II ₁₉ (2. Jahrh. n. Chr.), 15 II ₁₆ (197 n. Chr.?), 156 ₈ (201 n. Chr.), 7 I ₈ (247 n. Chr.), 8 II ₂₀ (248 n. Chr.), 96 ₈ (2. Hälfte des 3. Jahrh. n. Chr.). Πεῖν steht BU 34 II ₇. ₁₇. ₂₂. ₂₈,

---

[1] WINER-SCHMIEDEL § 5, 20 c (S. 50). BLASS, Gr. S. 21.

[2] »Auch im Lat. kommt *Delm.* neben *Dalm.* vor« (BLASS, Gr. S. 21). P. JCROSS verweist mich noch auf den Exkurs CIL III 1 p. 280.

[3] WINER-SCHMIEDEL § 5, 23 b (S. 53 f.). BLASS, Gr. S. 23.

[4] Alle citierten Papyri sind aus dem Faijûm.

III 2, IV 3. 10 (Ort und Zeit?), πῖν ebenda IV 25 [1] und noch BU 551 6 (Faijûm, arabische Zeit).

2. Konsonantenwandel.

a) **Verdoppelung.** Das WINER - SCHMIEDEL § 5, 26 c (S. 56 f.) gegebene Material zu ἀρραβών ist zu vermehren: ἀρραβών fand ich nur BU 240 6 (Faijûm, 167/168 n. Chr.)[2], ἀραβών dagegen BU 446 [= 80] 6. 17. 18 (Zeit des Marc Aurel, ziemlich gut geschriebener Kontrakt), (Zeile 26 derselben Urkunde, in der eigenhändigen mangelhaften Unterschrift des einen Kontrahenten, steht sogar ἀλαβών), 601 11 (Faijûm, 2. Jahrh. n. Chr., schlecht geschriebener Privatbrief), PER XIX 9. 16. 21. 24 (Faijûm, 330 n. Chr., gut geschriebene Prozessurkunde). Die durch ihre generelle Bestimmtheit ohnehin verdächtige Behauptung von WESTCOTT und HORT, ἀραβών sei bloss »abendländische« Lesart, wird nicht zu halten sein. Ich möchte übrigens auch zu WINER-SCHMIEDEL's Behauptung, die Schreibung ἀρραβών sei durch den hebräischen Ursprung des Wortes »gesichert«[3], ein methodologisches Fragezeichen machen. Gesichert wäre sie nur dann, wenn bei allen denen, die das Wort gebrauchten, ein korrektes etymologisches Urteil vorausgesetzt werden müsste.[4]

---

[1] Der Herausgeber dieser Urkunde F. KREBS bemerkt S. 46 unrichtig: »πεῖν = πίνειν«. Auf die Papyri hat hierzu und zu anderen Einzelheiten bereits W. SCHMID GGA 1895, 26—47 aufmerksam gemacht.

[2] Auch BLASS, Gr. S. 11 verweist auf diese Stelle.

[3] Ähnlich sagt BLASS, Gr. S. 11, die Verdoppelung sei im Semitischen »begründet«.

[4] Bei Eigennamen wird die Sache noch klarer. »Gesichert« ist, von etymologischen Erwägungen aus, z. B. zweifellos Ἀρέϑας als Name der nabatäischen Könige; die Inschriften und sonstigen alten Zeugen dagegen bieten meines Wissens alle Ἀρέτας, und so kann es nicht den geringsten Bedenken unterliegen, 2 Cor. 11 32 Ἀρέτα für »gesichert« zu halten. Höchstwahrscheinlich ist (nach der schönen Vermutung von SCHÜRER, Gesch. d. jüd. Volkes im Zeitalter Jesu Christi I, Leipzig 1890, 619) für diese Schreibung das Bestreben massgebend gewesen, den barbarischen Namen durch Angleichung an ἀρετή zu hellenisieren. — Bei Ἰωάνης stellt sich übrigens auch BLASS, Gr. S. 11 auf diesen Standpunkt.

Aber wir können nicht sagen, durch welche Erwägungen sie sich in orthographischen Dingen leiten liessen. Dass die Schreibung ἀραβών recht verbreitet gewesen ist, kann nicht mehr bezweifelt werden. Wer weiss, ob nicht dieser oder jener das ungriechische Wort z. B. mit den *Arabern*[1] zusammengebracht hat? Eine solche volkstümliche Tradition kann im einzelnen Falle leicht einmal die vom Standpunkte unserer Erkenntnis aus angestellten etymologischen Erwägungen hinfällig machen und uns veranlassen, eine etymologisch »falsche« Schreibung für »gesichert« zu halten.

γέννημα und γένημα. Die Schreibung mit einem einzigen ν und demgemäss die Ableitung von γίνεσθαι war schon durch die Ptolemäerpapyri gesichert.[2] Sie wird bestätigt durch folgende Faijûmer Papyrusstellen aus den vier ersten christlichen Jahrhunderten, wo es sich überall um *Feldfrüchte* handelt[3]: BU 197₁₈ (17 n. Chr.), 171₈ (156 n. Chr.), 49₆ (179 n. Chr.), 188₉ (186 n. Chr.), 81₇ (189 n. Chr.), 67₈ (199 n. Chr.), 61 I₈ (200 n. Chr.), 529₆ und 336₇ (216 n. Chr.), 64₆ (217 n. Chr.), 8 I₂₃ (Mitte des 3. Jahrh. n. Chr.), 411₆ (314 n. Chr.), vergl. auch γενηματογραφεῖν BU 282₁₀ (nach 175 n. Chr.).

Bei den bis auf ν(ν) gleichlautenden Formen von γεννάω und γίνομαι ist ein Schwanken der Orthographie öfter bemerkt worden[4]; so steht γεννηθέντα von γεννάω zweifellos auch in den Papyri: BU 110₁₄ (Faijûm, 138/139 n. Chr.) und 28₁₆ (Faijûm, 183 n. Chr.). Beide Urkunden sind amtliche Geburtsanzeigen. Dreimal dagegen steht in Bd. I der Berliner Papyri das »korrekte« γεννηθείς. Für die Unsicherheit der Orthographie[5] charakteristisch ist BU 111 (Faijûm, 138/139 n. Chr.), wo Zeile ₂₁ ἐπιγεννήσεως, ₂₄ ἐπιγενήσεως steht.

---

[1] Vergleiche oben ἀλαβών für ἀραβών mit dem bekannten ἀλαβάρχης für ἀραβάρχης.
[2] Bibelstudien 105 f., vergl. Blass, Gr. S. 11.
[3] Die Schreibung mit νν ist mir in den Papyri niemals begegnet.
[4] Winer-Schmiedel § 5, 26 a (S. 56).
[5] Das orthographische Problem ist später zu einem dogmengeschichtlichen Streitpunkte geworden, vergl. A. Harnack, Lehrbuch der Dogmengeschichte II³, Freiburg i. B. und Leipzig 1894, 191 f.

b) Konsonantenwechsel. Σμύρνα, Ζμύρνα.[1] Perg.
203 a. 11. 17 (vorchristlich) Σμύρνα, IMAe 148 ι (Rhodos, Zeit?)
Σμυραῖος, 468 (Rhodos, Zeit?) Σμυρναῖος. Dagegen Perg. 1274
(2. Jahrh. v. Chr., vergl. FRÄNKEL S. 432) Ζμυρναῖος, BU 1 ιι
(Faijûm, 3. Jahrh. n. Chr.) μύρον καὶ ζμύρνης.[2]
σπυρίς, σφυρίς. Die Ptolemäerpapyri haben beide
Schreibungen[3]; in den späteren Papyri aus dem Faijûm fand
ich zweimal das Deminutivum und zwar mit vulgärer Aspiration:
σφυρίδιον PER XLVII 6 (2./3. Jahrh. n. Chr.) und (vulgär verkürzt)[4] σφυρίτιν sic BU 247 a. 4. 6. (2./3. Jahrh. n. Chr.).

[1] Vergl. WINER-SCHMIEDEL § 5, 27 d (S. 59), BLASS, Gr. S. 10.
[2] Vergl. auch BU 69 ε (Faijûm, 120 n. Chr.) νομίζματος.
[3] Bibelstudien 157.
[4] Inschriftliche Beispiele dieser Verkürzung bietet FRÄNKEL S. 341.

II.
Zur Formenlehre.

Die neutestamentlichen Belege sind auch hier nur in den seltensten Fällen beigefügt, da sie an den citierten Stellen der Grammatiken leicht gefunden werden können.

1. Deklination.

a) σπείρας ist mir in den Papyri nicht aufgefallen; sie scheinen immer σπείρης[1] zu schreiben: BU 73,2 (Faijûm, 135 n. Chr.), 136,23 (Faijûm, 135 n. Chr.), 142,10 (159 n. Chr.), 447 [= 26],19 (Faijûm, 175 n. Chr.), 241,8 (Faijûm, 177 n. Chr.). Auch das von FRÄNKEL S. 235 beigebrachte inschriftliche Material zu σπείρα für *Thiasos* aus Italien und Kleinasien zeigt im Genetiv und Dativ η.

b) Der Genetiv ἡμίσους[2] steht PER XII,6 (93 n. Chr.), BU 328 II,22 (138/139 n. Chr.), PER CXCVIII,17 u. δ. (139 n. Chr.), BU 78,11 (148/149 n. Chr.), 223,6 f. (210,211 n. Chr.), PER CLXXVI,18 (225 n. Chr.); sämtliche Papyri sind aus dem Faijûm. Eine wegen des Genetivs τοῦ ἡμίσου bei LXX[3] bemerkenswerte Form steht BU 183,41 (Faijûm, 85 n. Chr.) ἥμισον μέρος. Es kann dies ein Schreibfehler sein, (Zeile 21 schreibt korrekt ἥμισοι [οι = υ] μέρος,) aber wahrscheinlicher ist, dass eine in Ägypten gebräuchliche vulgäre Bildung ἥμισος auch hier vorliegt.

---

[1] WINER-SCHMIEDEL § 8, 1 (S. 80 f.); BLASS, Gr. S. 25 bietet andere Belege aus den Papyri.

[2] WINER-SCHMIEDEL § 9, 6 (S. 87), BLASS, Gr. S. 27.

[3] WINER-SCHMIEDEL § 9, 6 (S. 87) Anm. 4. Hier wird dazu bereits der Papyrus *Notices* XVIII 2, 230 (154 n. Chr.) citiert.

c) *δύο*.[1] Beachtenswert in den Faijûmer Papyri sind folgende Formen[2]: *δύω* BU 208₄ (158/159 n. Chr.), *δυῶν* BU 282₁₆ (nach 175 n. Chr.), *δυεῖν* BU 256₈ (Zeit des Antoninus Pius), *δυσί* BU 197₈ (17 n. Chr.), PER CCXLII₁₀ (40 n. Chr.), I₇ (83/84 n. Chr.), BU 538₆ (100 n. Chr.), 86₈ (155 n. Chr.), 166₇ (157 n. Chr.), 282₁₀ (nach 175 n. Chr.), 326 II₇ (189 n. Chr.), 303 ₁₉ (586 n. Chr.).

2. Eigennamen.

Abraham ist gräcisiert Ἄβραμος (wie bei Josephus) BU 585 II₈ (Faijûm, nach 212 n. Chr.) Πααβῶς Ἀβράμου, dagegen in Faijûmer Urkunden aus christlicher Zeit Ἀβραάμιος 395 ₇ (599/600 n. Chr.), 401 ₁₃ (618 n. Chr.), 367 ₅ u. ₆.(arabische Zeit) und nicht gräcisiert Ἀβραάμ 103 Verso ₁ (6./7. Jahrh. n. Chr.).

Ἀκύλας. Als Genetiv gibt *Clavis*[a] 16 fürs N. T. ohne weiteres Ἀκύλου an, obwohl ein Genetiv hier nicht vorkommt. Die Faijûmer Papyri bieten sowohl Ἀκύλου BU 484₆ (201/202 n. Chr.), wie Ἀκύλα 71 ₈₁ (189 n. Chr.). — Der Name des in der zuletzt genannten Urkunde vorkommenden Veteranen C. Longinus Aquila wird 326 II₁₉ (Ende des 2. Jahrh. n. Chr.) Ἀκύλας und in einem dabei citierten Fragment eines Duplikates derselben Urkunde Ἀκύλλας geschrieben; diese Verdoppelung des λ ist auch neutestamentlichen Handschriften nicht fremd.[3]

Ἀντίπα[τρο]ς. Nicht ganz ohne Interesse ist, dass der Apoc. Joh. 2₁₃ von einem Pergamener vorkommende Name sich noch im Anfang des 3. Jahrh. n. Chr. in Pergamon findet: Perg. 524₈ (nicht älter als die Zeit des Caracalla?) [Ἀ]ντιπάτρου.

Βαρναβᾶς. Bibelstudien 178 habe ich die Vermutung ausgesprochen, dass der Name *Barnabas*[4] durch Gräcisierung

---

[1] WINER-SCHMIEDEL § 9, 11 (S. 90).
[2] Für Vollständigkeit kann ich nicht garantieren; ich habe erst spät auf diesen Punkt geachtet. Insbesondere habe ich keinen Überblick über den Gebrauch der gewöhnlichen Formen in den Papyri.
[3] Vergl. TISCHENDORF zu Rom. 16₃ und Act. Ap. 18₂.
[4] Vergl. jetzt A. MEYER, Jesu Muttersprache, Freiburg i. B. und Leipzig 1896, 47 f. und E. NESTLE, *Philologica sacra*, Berlin 1896, 19 f.

des semitischen $Bαρνεβοῦς$¹ oder $Bαρναβοῦς$ entstanden sei, die durch Abwandlung der semitischen Endung -οῦς in -ᾶς leicht vollzogen werden konnte.² Bei der Gräcisierung semitischer Eigennamen ist die Endung -ᾶς überhaupt sehr beliebt gewesen; biblische Beispiele liegen zahlreich vor. Hier sei ein entlegenerer, auch an sich beachtenswerter Fall notiert. Die wahrscheinlich älteste der zu Pergamon gefundenen Inschriften ist die nach dem Schriftcharakter ins 4. Jahrh. v. Chr. zu setzende Weihinschrift Perg. 1 $Παρταρας\ 'Αϑηναίηι$. »Der griechischen Weihinschrift gehen zwei Zeilen voran, deren Schrift ich nicht zu bestimmen vermag; doch kann kein Zweifel sein, dass sie die Weihung in der Sprache des Dedikanten enthalten, der durch seinen Namen als Barbar gekennzeichnet ist. Die fremde Schrift läuft von rechts nach links, da in dieser Richtung sich als der Anfang der zweiten Zeile unschwer der Name des Weihenden mit B geschriebenem Anlaut erkennen lässt« (FRÄNKEL S. 1 zu der Stelle). Nicht erwähnt ist hier, was jedenfalls nicht unbemerkt bleiben konnte, dass die »fremde« Schrift wenigstens am (rechts stehenden) Anfang der zweiten Zeile deutlich griechische Spiegelschrift ist; auch sonst finden sich in dem verstümmelten Texte zweifellos griechische Buchstaben. Man kann in den beiden ersten Zeilen den semitischen(?) Text der Weihung in griechischer Spiegelschrift vermuten. Der Steinmetz, der nach FRÄNKEL vielleicht mit dem Weihenden

---

¹ Der von mir gegebene inschriftliche Beleg für diesen Namen stammt aus dem 3. oder 4. Jahrhundert n. Chr. P. JENSEN macht mich auf eine weit ältere Stelle aufmerksam. Schon die aramäische Inschrift von Palmyra Nr. 73 vom Jahre 114 n. Chr. (bei M. DE VOGÜÉ, Syrie centrale, Inscriptions sémitiques ..., Paris 1868, p. 53) nennt einen Barnebo (ברנבו).

² BLASS, ThLZ XX (1895) 488 hält diese Vermutung für völlig unmöglich. Nach A. HILGENFELD, Berl. Philol. Wochenschr. 1896, 650 verdient sie Beachtung, aber auch Prüfung. Ich halte, zumal BLASS seine Gegengründe nicht genannt hat, an meiner Hypothese einstweilen in aller Ruhe fest. Von zwei namhaften Semitisten weiss ich privatim, dass sie ihr zustimmen. — Aus dem Genetiv $Βαρνα$ CIG 4477 (Larissa in Syrien, ca. 200 n. Chr.) darf wohl ein Nominativ $Βαρνᾶς$ geschlossen werden. Ich wage nicht zu entscheiden, ob dies eine Koseform von $Βαρναβᾶς$ sein kann (vergl. HEINRICI, MEYER V⁸ [1896] 525).

identisch ist, hätte dann den semitischen (?) Text vor sich gehabt, Buchstaben für Buchstaben griechisch umgeschrieben und wäre dabei auf den originellen Gedanken gekommen, die in semitischer Reihenfolge stehenden Buchstaben einzeln zu verkehren. Doch ich kann mich hierin gründlich täuschen. Sicher aber ist, dass der griechische Name Παρταρας in dem »fremden« Texte mit zweifacher Abweichung Βαρταρα lautet. Der auf Βαρταρα folgende Buchstabe kann kein Sigma sein; die nicht griechische Form lautet Βαρταρα, nach allen Analogieen ein mit בר Sohn gebildeter Personenname. Über die Bedeutung des zweiten Bestandteils -ταρα wage ich nicht, etwas zu behaupten [1]; der Name ist mir sonst noch nicht begegnet. Durch Anfügung eines ς ist der Name gräcisiert, Βαρταρᾶς oder, wie der Steinmetz will, Παρταρᾶς.[2]

Δορκάς. Die Belege[3] zu Act. Ap. 9₃₆.₃₉ erweitern sich durch IMAe 569 (Rhodos, Zeit?).

Ἰσακ. Die in א und den beiden D fast durchgängig gebrauchte, in altlateinischen Übersetzungen oft vorauszusetzende Schreibung Ἰσακ (für Ἰσαακ), die wohl auch der Gräcisierung des Josephus Ἴσακος zugrunde liegt, findet sich PER XLIV₉ (Faijûm, 3./4. Jahrh. n. Chr.), wo ein Αὐρήλιος Ἰσακ vorkommt, dann öfter in Faijûmer Urkunden aus christlicher Zeit: BU 305₅ (556 n. Chr.), 303₇ (586 n. Chr.), 47₆ und 173₅ (6./7. Jahrh. n. Chr.).

3. Verbum.

a) Augment. ἠνοίγην[4] (Marc. 7₃₅, Act. Ap. 12₁₀, Apoc. Joh. 11₁₉, 15₅): BU 326 II₁₀ (Faijûm, 194 n. Chr.) ἠνύγη [υ=οι], von einem Testament.[5]

---

[1] Aram. ערך? Also *Sohn des Palastes*? Oder *Sohn des Therach* (LXX Θαρρα und Θαρα, aber als Ortsname mit τ für ת Num. 33₂₇ f. Ταραϑ)?? — Der Beachtung der Semitisten sei auch der als Genetiv stehende männliche Name Βαργυλιωτα der nicht datierten Inschrift von Rhodos IMAe 114₁ empfohlen.

[2] Sonstige Fälle eines π für ב sind mir nicht bekannt. Die Accentuierung -ᾶς ist der von Fränkel gewählten Παρτάρας wohl vorzuziehen.

[3] Vergl. Wendt, Meyer III⁴/¹ (1888) 235.

[4] Winer-Schmiedel § 12, 7 (S. 108).

[5] Zur Lesung siehe Nachtrag S. 359.

b) **Konjugation.** *τέτευχα*[1] ist Hebr. 8₈ nicht übel bezeugt; vgl. BU 332₆ (Faijûm, 2./3. Jahrh. n. Chr.) *ἐπιτετευχότας*, vom Herausgeber unnötig in *ἐπιτετυχότας* verändert.
ἦξα[2] (Luc. 13₃₄, 2 Pe. 2₅, Act. Ap. 14₂₇ D): BU 607₁₆ (Faijûm, 163 n. Chr.) *κατῆξαν*.
ἔλειψα[3] (Act. Ap. 6₂, Luc. 5₁₁ D, Marc. 12₁₉ N, überall im Kompositum *κατέλειψα*) steht auch in folgenden Faijûmer Papyri: BU 183₁₉ (85 n. Chr.) *καταλείψῃ*, 176₁₀ (Zeit des Hadrian) *καταλεῖψαι*, 86₇.₁₃ (155 n. Chr.) *καταλείψῃ*[4], 467₆ (ohne Ortsangabe, ca. 177 n. Chr.) *καταλείψῃς*, 164₁₃ (2./3. Jahrh. n. Chr.) *καταλεῖψαι*. Auch bei den von BLASS angeführten Stellen Clem. 2 Cor. 5₁, 10₁ und Herm. Sim. 8, 3₆ steht dasselbe Kompositum, ebenso LXX 1 Chron. 28₉ und CIG 4137 ₃ ᶠ. (Montalub in Galatien, Zeit?); 4063 ₆ ᶠ. (Ancyra, Zeit?) steht *ἐγκατάλιψε*. Möglich, dass der Gebrauch der Form sich auf das Kompositum beschränkt.

ἡρπάγην[5] (2 Cor. 12₂.₄) findet sich auch in dem Fragment eines auf den jüdischen Krieg Trajans bezüglichen Schriftstückes[6] BU 341₁₂ (Faijûm, 2. Jahrh. n. Chr.). Dort steht nach der verbesserten Lesung auf S. 359 des Bd. I *ἡρπάγησαν*.

Die Ausstattung des 2. Aorist mit Endungen des 1. Aorist[7] ist in den Papyri natürlich sehr häufig. Ich notiere zu

ἐγενάμην: PER I₂₆ (Faijûm, 83/84 n. Chr.) *γενάμενος* neben mehrfachem *γενόμενος*, BU 464₇ (132/133 n. Chr.) *γενάμενα* neben Zeile ₁₀ *γενομένη[ν]*, 300₁₁ (Faijûm, 148 n. Chr.) *παραγενάμενος*, 301₄ (Faijûm, 157 n. Chr.) *γεναμένου*, 115 II₃₆ (Faijûm, 189 n. Chr.) *γεναμένοις*, 490₆ (Faijûm, 2. Jahrh. n. Chr.) *γεναμένη*, 531 II₁₇ (Faijûm, 2. Jahrh. n. Chr.) *πα[ρ]αγενάμενος*,

---

[1] WINER-SCHMIEDEL § 13, 2 Anm. 2 (S. 104), BLASS, Gr. S. 57.
[2] WINER-SCHMIEDEL § 13, 10 (S. 109), BLASS, Gr. S. 42.
[3] WINER-SCHMIEDEL § 13, 10 (S. 109), BLASS, Gr. S. 43.
[4] Der Herausgeber P. VIERECK bemerkt dazu unnötiger Weise: »l. *καταλίπῃ*«.
[5] WINER-SCHMIEDEL § 13, 10 (S. 110), BLASS, Gr. S. 43.
[6] Vergl. Bibelstudien 62 f.
[7] WINER-SCHMIEDEL § 13, 13 (S. 111 f.), BLASS, Gr. S. 44 f.

21 Π₈ (340 n. Chr.) *γεναμένου*, 3₄₄ (Faijûm, 605 n. Chr.) *γεναμένων*.

ἦλθα: BU 530₁₁ (1. Jahrh. n. Chr.) *ἦλθας*, 72₆ (191 n. Chr.) *ἐπῆλθαν*, 515₁₉ (193 n. Chr.) *ἐπε[ι]σῆλθαν*, 146₅ (2./3. Jahrh. n. Chr.) *ἐπῆλθαν*, 103₁ (6./7. Jahrh. n. Chr.) *ἦλθαν*, sämtliche Papyri stammen aus dem Faijûm.

ἔσχα (Act. Ap. 7₅₇ D *συνέσχαν*): BU 451₈ (1./2. Jahrh. n. Chr.) *ἔσχαμεν*.

ἔλαβα: BU 562₁₁ (Faijûm, Anf. des 2. Jahrh. n. Chr.) *ἐξέλαβα*, 423₉ (2. Jahrh. n. Chr.) *ἔλαβα*, 261₁₉ und 449₆ (beide Faijûm, 2./3. Jahrh. n. Chr.) *ἔλαβα*.

Die Ausdehnung der Endungen -*α*, -*ας* auf das Imperfekt[1] zeigt sich BU 595₉ (Faijûm, 70—80 n. Chr.) *ἔλεγας*, 515₆ (Faijûm, 193 n. Chr.) *ὠφείλαμεν*, 157₈ (Faijûm, 2./3. Jahrh. n. Chr.) *ἐβάσταζαν*. Auch 44₈ (Faijûm, 102 n. Chr.) *ὀφίλατε* dürfte hierhergehören; das Augment fehlt[2] wie BU 281₁₉ (Faijûm, Zeit des Trajan) *ὄφ[ι]λεν* und 340₁₁ (Faijûm, 148/149 n. Chr.) *ὄφιλεν*.

Die Endung -*σαν* für -*ν* in der 3. Pluralis[3] ist bezeugt BU 36₉ (Faijûm, 2./3. Jahrh. n. Chr.) *ἐπήλθοσαν* und (bei einem kontrahierten Verbum) 251₄ (Faijûm, 81 n. Chr.) *προεγ[αμ]οῦσαν*, ebenso in der von derselben Hand geschriebenen Urkunde 183₆ (Faijûm, 85 n. Chr.) *προεγαμοῦσαν*[4]; in den beiden letzten Fällen handelt es sich um die in Heiratskontrakten wohl formelhafte Wendung *καθὼς καὶ προεγαμοῦσαν*.

Die Endung -*αν* für -*ασι* in der 3. Pluralis des Perfekt[5] kommt vor BU 597₁₉ (Faijûm, 75 n. Chr.) *γέγοναν* (Rom. 16₇ א A B, Apoc. Joh. 21₆ א^c A) und 328 I₆ (Faijûm, 138/139 n. Chr.) *μετεπιγέγραφαν*.[6]

---

[1] Winer-Schmiedel § 13, 13 (S. 112), Blass, Gr. S. 45.

[2] Wohl Assimilation an *ὄφελον*.

[3] Winer-Schmiedel § 13, 14 (S. 112 f.), Blass, Gr. S. 45 f.

[4] Die Herausgeber accentuieren *προεγάμουσαν*.

[5] Winer-Schmiedel § 13, 15 (S. 113), Blass, Gr. S. 45.

[6] Umgekehrt -*ασι* für -*αν* BU 275₆ (Faijûm, 215 n. Chr.) *ἐπήλθασι*.

Die Endung -ες für -ας in der 2. Singularis des Perfekt und des Aorist[1] finden wir in bemerkenswerter Häufung in dem schlecht geschriebenen Privatbriefe BU 261 (Faijûm, 2./3. Jahrh. n. Chr.?): Zeile 14 δέδωκες, 17 ἤρηχες (= εἴρηκες), 18 σὺ οἶδες, 24 ε. ἔγραψες; letztere Form kommt auch in dem Privatbriefe 38 14 (Faijûm, 1. Jahrh. n. Chr.) vor.

δίδωμι.[2] Die Papyri bieten für δίδω (διδῶ?) statt δίδωμι eine Anzahl Belege, sämtlich aus dem Faijûm. BU 261 11 (2./3. Jahrh. n. Chr.?, schlecht geschrieben) isteht οὐδὲν ἐγὼ δίδω (διδῶ?)[3], 97 21 (201.202 n. Chr.) ἐπιδίδω[4], 38 19 (1. Jahrh. n. Chr.) δίδι als 3. Sing. Präs. (= δίδει). — Auf δ ι δ ῶ (= διδόω) weisen 86 22 (155 n. Chr.) διδοῦντος und schon 44 16 (102 n. Chr.) ἀνδιδοῦντα[5] neben Zeile 14 διδόντα.

τίθημι. Nach WINER-SCHMIEDEL § 14 Anm. 11 (S. 121) scheinen sich unzweifelhafte Ableitungen von einem Verbum τίθω nicht zu finden. Der gut geschriebene Papyrus BU 326 I 14 (Faijûm, 189 n. Chr.) bietet jedoch παρακατατίθομαι. — Auf τιθῶ (= τιθέω) weist hin BU 350 13 (Faijûm, Zeit des Trajan) ὑποτιθοῦσα, was hier aber vielleicht auch nur euphonisch bedingt ist; es steht in folgendem Zusammenhang: ἐνοι-

---

[1] WINER-SCHMIEDEL § 13, 16 (S. 113 f.), BLASS, Gr. S. 46.
[2] WINER-SCHMIEDEL § 14, 11 ff. (S. 121 f.), BLASS, Gr. S. 48 f. Nicht berücksichtigt ist von beiden 1 Cor. 7 3 A ἀποδιδέτω.
[3] Zeile 24 steht freilich μὴ δίδι αὐτῇ (vergl. Nachtrag S. 358). Der Herausgeber F. KREBS accentuiert δίδι und erklärt: »l. δίδει = δίδωσι«. Das halte ich für unmöglich: δίδι (= δίδει) wird ein nach τίθει gebildeter Imperativ von δίδωμι sein. Ähnlich BU 602 4 (Faijûm, 2. Jahrh. n. Chr.) ἐδείδι (= ἐδίδει) nach Analogie von ἐτίθει. Sonstige Angleichungen an die Formation von τίθημι aus den Faijûmer Papyri sind 360 8 (108/109 n. Chr.) der Imperativ παράδετε und 159 3 (216 n. Chr.) ἐξέδετο, letztere Form schon PER CCXXII 15 (2. Jahrh. n. Chr.).
[4] ἐπιδίδω könnte auch Abkürzung von ἐπιδίδωμι sein, zumal es in einer geläufigen Formel steht. Der Herausgeber U. WILCKEN schreibt deshalb ἐπιδίδω(μι).
[5] Apokope der Präposition wie BU 86 7 (Faijûm, 155 n. Chr.) καλείψῃ neben Zeile 12 desselben Papyrus καταλείψῃ (nicht παδώσω BU 39 22, welches nach genauerer Lesung S. 354 in ἀποδώσω korrigiert ist); vergl. WINER-SCHMIEDEL § 5, 22 c Anm. 47 (S. 53).

κοδομοῦσα καὶ ἐπισκευάζουσα καὶ πολοῦσα"ἰε καὶ ὑποτιθοῦσα καὶ ἑτέροις μεταδιδοῦσα.

δύνομαι[1] ist in den Faijûmer Urkunden öfter bezeugt: BU 246 10 (2./3. Jahrh. n. Chr.), 388 II 6 (2./3. Jahrh. n. Chr.), 159 8 (216 n. Chr.) δυνόμενος, ebenso 614 10 (217 n. Chr.). 348 8 (156 n. Chr.) steht ὡς ἂν δύνοι, was jedenfalls 3. Singularis sein soll; das würde auf ein δύνω schliessen lassen.[2]

[1] Winer-Schmiedel § 14,17 (S. 123), Blass, Gr. S. 48.

[2] Der betr. Satz (aus einem Privatbriefe) ist mir nicht ganz klar, doch halte ich es für ausgeschlossen, dass die Form von dem bekannten δύνω abzuleiten wäre. Auch F. Krebs stellt im Index δύνοι zu δύναμαι.

III.
Zum Lexikon und zur Syntax.

1. Angebliche Hebraismen.

ἀναστρέφομαι und *ἀναστροφή*.

Für die nicht als Hebraismus zu erklärende ethische Bedeutung des Verbums [1], auf die ich Bibelstudien 83 aufmerksam gemacht habe, bietet der inzwischen erschienene zweite Band der Inschriften von Pergamon noch eine ganze Anzahl von Belegen, sämtlich aus der römischen Zeit (nach 133 v. Chr.). Abgesehen von Perg. 252₈₉, wo das Wort nur durch eine starke Ergänzung gewonnen wird, verweise ich auf 459₅ *καλῶς καὶ ἐνδόξως ἀναστραφῆναι* (vergl. Hebr. 13₁₈ *καλῶς ἀναστρέφεσθαι*, Jac. 3₁₃, 1 Pe. 2₁₂ *καλὴ ἀναστροφή*), 470₄ [*ἐν πᾶσ*]*ιν ἀνεσ*[*τραμ*]*μένον ἀξίως* [*τῆς πόλεως*] und 496₅₆. [*ἀ*]*ναστρεφομένην καλῶς καὶ εὐσεβῶς καὶ ἀξίως τῆς πόλεως* (vergl. das paulinische *περιπατεῖν ἀξίως* c. gen.), auch 545 *ἀναστραφέν*[*τα*]. Noch älter als alle diese Stellen dürfte sein IMAe 1033₁₁. (Karpathos, 2. Jahrh. v. Chr.?) *φιλοδόξως ἀνέ*[*σ*]*τραπ*[*ται*]. FRÄNKEL S. 16 citiert noch CIG 1770 (Brief des Flaminin) *οἱ οὐκ ἀπὸ τοῦ βελτίστου εἰωθότες ἀναστρέφεσθαι*.[2]

Für *ἀναστροφή* im ethischen Sinne ist anzumerken IMAe 1032₆ (Karpathos, 2. Jahrh. v. Chr.).

---

[1] Es ist charakteristisch, dass nicht *Clavis*², wohl aber THAYER diesen Gebrauch bei Xenophon (an. 2, 5, 14) und Polybius (1, 9, 7; 74, 13; 86, 5 etc.) notiert.

[2] P. WENDLAND verweist Deutsche Litteraturzeitung 1895 Sp. 902 noch auf SCHENKL's Index zu Epiktet und auf VIERECK, *Sermo graecus* S. 75.

εἰς.

Der Bibelstudien 113 ff. besprochene, nicht als Hebraismus aufzufassende Gebrauch von εἰς zur Angabe des Zweckes bei Spenden, Kollekten, Ausgaben etc. ist auch durch die späteren Papyri zu erhärten. In der sehr umfangreichen Rechnung BU 34 (Ort und Zeit unsicher) z. B. werden die einzelnen Ausgabeposten überaus oft durch εἰς eingeführt. PER I 11 (Faijûm, 83/84 n. Chr.) ist τὰς εἰς τὸν Μάρωνα .... οἰκονομίας vom Herausgeber richtig übersetzt *die Umschreibung für die Rechnung Marons*, vergl. PER XVIII 19 f. (Faijûm, 124 n. Chr.) εἰς ἄλλον τινὰ γράφειν διαϑήκην *zu irgend eines anderen Gunsten ein Testament zu errichten*. Abgesehen von den neutestamentlichen Stellen findet sich dieses εἰς übrigens auch sonst; der Gebrauch ist also kein Ägypticismus. So wird Perg. 554 (nach 105 n. Chr.) in einer Liste von Gebern zu einer sakralen Kollekte der Zweck der Spenden mit εἰς angegeben [1], z. B. Zeile 10 εἰς ταυροβόλιον. Auch das abrupte εἰς der Spenderliste Perg. 553 K (Zeit Trajans) dürfte hierher gehören. Ich habe auch in anderen Inschriften dieses εἰς gefunden.

ἐρωτάω.

CREMER[2] 415: »in der neutestamentl. Gräc. auch bitten. ...... — eine offenbar durch Einfluss des hebr. שאל erst entstandene Verwendung des Wortes.« Dagegen konstatierte schon WINER-LÜNEMANN S. 30 einige profane Stellen[2], welche Clavis[2] 175 herübernimmt und vermehrt, freilich unter der gleichzeitigen Behauptung »*ex imitatione hebr.* שאל, *significatu ap. profanos rarissimo.*« Bereits früher habe ich gegen die Einschränkung dieses vulgärgriechischen Gebrauchs auf die Bibel Widerspruch erhoben.[3] Die Faijûmer Papyri ergeben neues

---
[1] FRÄNKEL S. 353.
[2] WINER-SCHMIEDEL § 4, 2 a (S. 27) rechnet den Gebrauch zu den »unvollkommenen« Hebraismen. Dieser Begriff wäre aus dem WINER besser zu tilgen.
[3] Bibelstudien 45, unter Verweis auf die Belege von U. von WILAMOWITZ-MOELLENDORFF bei GUIL. SCHMIDT, *De Flavii Iosephi elocutione observationes criticae*, FLECK. Jbb. Suppl. XX (1894) 516.

Material: *ἐρωτᾶν bitten* steht BU 50₉ (115 n. Chr.), 423₁₁ (2. Jahrh. n. Chr.), 417₂ f. (2./3. Jahrh. n. Chr.), 624₁₆ (Zeit des Diokletian). Dazu kommt die wahrscheinlich dem 2. Jahrh. n. Chr. angehörende Devotionstafel von Hadrumetum Zeile ³¹ (Bibelstudien 30).

καθαρὸς ἀπό τινος.

Der Irrtum, diese Konstruktion (Act. Ap. 20₂₆ und an alttestamentlichen Stellen) sei ein Hebraismus, ist durch Beispiele nicht nur aus spätgriechischen Schriftstellern, sondern auch schon durch Demosthenes 59₇₈ längst widerlegt.¹ Dass er trotzdem noch weiterwuchert, zeigt *Clavis*⁸ 217; »*ex hebr. add. ἀπό τινος, ... ap. nativos Graecos c. nudo gen.*« Es kann deshalb nichts schaden, die ausserbiblischen Belege noch durch folgende Faijûmer Papyrusstellen zu erweitern: BU 197₁₄ (17 n. Chr.), 177₁₂ (46/47 n. Chr.), 112₁₁ (ca. 60 n. Chr.), 184₁₅ (72 n. Chr.), PER I₁₆ (83/84 n. Chr.), BU 536₉ (Zeit des Domitian), 193₁₉ (136 n. Chr.), 240₂₄ (167/168 n Chr.), PER CCXX₁₀ (1. oder 2. Jahrh. n. Chr.), BU 94₁₉ (289 n. Chr.) An allen diesen Stellen, die sich auf einen Zeitraum von nahezu drei Jahrhunderten verteilen, handelt es sich um die Formel *frei von einer Geldschuld*. Dazu kommt ein noch älteres Beispiel in der Inschrift von Pergamon 255₇ f. (frührömische Zeit) ἀπὸ δὲ τάφου καὶ ἐκφορ[ᾶς] ... καθαροὶ ἔστωσαν.

ὄνομα.

1. Für *Person* steht das Wort Act. Ap. 1₁₅, Apoc. Joh. 3₄, 11₁₃. *Clavis*⁸ 312 erklärt diesen Gebrauch *ex imitatione hebr.* שֵׁמוֹת. Aber die Annahme eines Hebraismus ist überflüssig; die Papyri bezeugen denselben Gebrauch, der ja auch an sich verständlich ist: BU 113₁₁ (143 n. Chr.), ἑκάστῳ ὀνόματι παρα(γενομένῳ), 265₁₈ (Faijûm, 148 n. Chr.) [ἑκάστῳ

---

¹ Die Demosthenesstelle citiert bereits G. D. KYPKE, *Observationes sacrae*, Wratisl. 1755, II 109, nach ihm z. B. WINER (z. B. ⁴[1836] 183, ⁷[1867] 185) und BLASS, Gr. S. 104. Auf KYPKE bin ich durch WENDT zu Act. Ap. 20₂₆ (MEYER III ⁶/⁷ [1888] 444) aufmerksam geworden. Auch CREMER⁵ 489 vertritt die richtige Ansicht.

ὀνόμ]ατι παράκ[ει]ται¹, 531 II 9 f. (Faijûm, 2. Jahrh. n. Chr.) τὰ περιγεινόμενα ͥͥͤ ἐνοίκια πρὸς ἕκαστον ὄνομα τῶν τρυγώντων γραφήτωι ͥͥͤ, 388 I₁₆ (Faijûm, 2./3. Jahrh. n. Chr.) ταβέλλαι δύ[ο] ἐλευθερώσεων τοῦ αὐτοῦ ὀνόματος διαφόροις χρόνοις (vergl. II₃₃ πῶς [ο]ὖν τοῦ Εὐκαίρου δύ[ο] ταβέλλαι ἐλευθερίας εὑ[ρί]σ[κον]ται;).

2. Zu meinen Nachweisen für die Formel εἰς τὸ ὄνομά τινος Bibelstudien 143 ff. kommt BU 256₆ (Faijûm, Zeit des Antoninus Pius) τὰ ὑπάρχοντ[α] εἰς ὄνομα δυεῖν ͥͥͤ *was zum Namen* [d. h. zum Vermögen] *der zwei gehört*; hier steht die Formel ebenso wie in dem kleinasiatischen Ausdruck κτηματώνης εἰς τὸ τοῦ θεοῦ ὄνομα Bibelstudien 144. Synonym wird in den Papyri die Formel ἐπ' ὀνόματος gebraucht BU 226₁₅ f. (Faijûm, 99 n. Chr.) πάντων τῶν ἐπ' ὀνόματος τῆς μητρός μου ... εἰς αὐτοὺς ὑπαρχόντων²; ebenso dürfte BU 231₉ (Faijûm, Zeit des Hadrian) zu ergänzen sein [ἐπ' ὀνό]ματος τῆς θυγατρός σου.³

3. Bibelstudien 145 habe ich die Vermutung ausgesprochen, dass es wohl nur ein Zufall sei, wenn die Wendung ποιεῖν τι ἐν τῷ ὀνόματί τινος bisher noch nicht aus einer ausserbiblischen Quelle bekannt geworden sei. Zwar nicht in der Konstruktion mit ἐν, aber in der sehr ähnlichen mit dem blossen Dativ ist sie mir inzwischen zu Gesicht gekommen. Der Treueid der Einwohner von Assos in Troas für den Kaiser Caligula (*Ephe-*

---

¹ Zu diesen beiden Stellen bemerkte mir Herr Professor Dr. WILCKEN in Breslau brieflich, ὄνομα stehe hier für »den Inhaber des Namens, die Person«, aber man komme wohl auch hier mit der Übersetzung *Namen* aus. — Übersetzen würde ich auch an den neutestamentlichen Stellen mit Luther *Name*, um die Eigenart des Gebrauches nicht zu verwischen.

² L. MITTEIS übersetzt im *Corpus Papyrorum Raineri* I 1, 270 Anm. diese Stelle *alles Vermögen meiner Mutter ist in seinem Besitz*.

³ Anders 153₂₁ (Faijûm, 152 n. Chr.) ἀπογράψασθαι ἐν τῇ τῶν καμήλων ἀπογραφῇ ... ἐπ' ὀνόματος αὐτῶν. Hier handelt es sich um die Eintragung eines Kamels in die Liste *unter den Namen* seines neuen Besitzers. Immerhin, was ἐπ' ὀνόματος einer Person aufgeführt ist, das macht ihr Vermögen aus. Man sieht, wie auch in den obigen Formeln nicht von einer neuen *Bedeutung* des Wortes die Rede sein kann, sondern nur von einer Verwertung seiner gehaltvollen Grundbedeutung.

meris epigraphica V [1884] p. 156, 37 n. Chr.) ist unterzeichnet von 5 πρεσβευταί, nach deren namentlicher Aufzählung es zum Schlusse heisst οἵτινες καὶ ὑπὲρ τῆς Γαίου Καίσαρος Σεβαστοῦ Γερμανικοῦ σωτηρίας εὐξάμενοι Διὶ Καπιτωλίῳ ⁿᶜ ἔθυσαν τῷ τῆς πόλεως ὀνόματι. Hier haben wir wohl denselben Gebrauch wie Jac. 5₁₀ A ἐλάλησαν τῷ ὀνόματι κυρίου¹, und die Annahme von CREMER⁸ 712, »dass erst das Christentum den Gebr. des „im Namen etc." in die occidental. Sprachen eingeführt hat«, wird abzuweisen sein.

2. Angeblich »judengriechische«, »biblische« resp. »neutestamentliche« Wörter und Konstruktionen.

Durch die folgenden Artikel dürfte es deutlich werden, dass das Nichtvorkommen mancher Wörter der Bibel in der ausserbiblischen Litteratur lediglich auf einen statistischen Zufall zurückzuführen ist. (In einigen Fällen handelt es sich übrigens nicht einmal um ein Nichtvorkommen, sondern lediglich um ein Nichtnotiertsein.) Mehrere hierhergehörige Wörter sind schon in den Bibelstudien angemerkt. Bei BLASS, Grammatik des Neutest. Griechisch finde ich noch S. 69 φιλοπρωτεύω aus einer Inschrift, S. 68 φρεναπάτης aus einem Papyrus nachgewiesen. Die Zahl der »biblischen« resp. »neutestamentlichen« Wörter wird gewiss noch viel mehr zusammenschmelzen, — unbeschadet der innersten Eigenart der biblischen Gedanken.

ἀγάπη.

In den Bibelstudien 80 hatte ich für ἀγάπη den Pariser Papyrus 49 (zwischen 164 und 158 v. Chr.) citiert, indem ich mich der Lesung des französischen Herausgebers von 1865 anschloss. BLASS hat darauf in seiner Recension³ die Richtigkeit dieser Lesung bezweifelt und aufgrund des Facsimiles statt ἀγάπην vorgeschlagen ταραχήν. Das Facsimile ist nicht auf

---

¹ Nicht so Marc. 9₃₈ A und Matth. 7₂₂, wo der Dativ instrumental steht.
² ThLZ XX (1895) 488.

photographischem Wege hergestellt; mir schien ἀγάπην mindestens nicht ausgeschlossen. Indessen BLASS hat höchstwahrscheinlich recht. Eine Nachprüfung der Stelle am Original hat, wie mir der Konservator der ägyptischen Altertümer des Louvre Herr PIERRET mitzuteilen die Freundlichkeit hatte, ergeben, »qu'on ne trouve, dans le papyrus N° 49, aucune trace du mot ἀγάπην, mais seulement à la ligne 6 la vraisemblance d'une lecture ταραχήν«. Ich stehe deshalb nicht an, meinen Hinweis auf den Papyrus hiermit zurückzuziehen.

Immerhin ist damit meine Bezweifelung des Wortes als eines specifisch »biblischen« nicht beseitigt, und auch die Vermutung, dass es in Ägypten gebraucht worden sei, ist zu begründen. Nur dass man nicht erst nach Paris zu gehen braucht, um das Wort zu suchen. Trotz v. ZEZSCHWITZ [1], Clavis [2] und CREMER [3] steht es bei Philo, worauf meines Wissens nur THAYER in seinem Lexikon [4] aufmerksam gemacht hat. *Quod Deus immut.* § 14 (M. p. 283) heisst es: παρ' ὃ μοι δοκεῖ τοῖς προειρημένοις δυσὶ κεφαλαίοις, τῷ τε »ὡς ἄνθρωπος« καὶ τῷ »οὐχ ὡς ἄνθρωπος ὁ θεός« [5], ἕτερα δύο συννυφῆναι ἀκόλουθα καὶ συγγενῆ, φόβον τε καὶ ἀγάπην. Da haben wir ἀγάπη, ohne dass sich die Vermutung begründen liesse, Philo habe das Wort den LXX entlehnt. Und mehr noch: ἀγάπη steht hier bereits im religiös-ethischen Sinne; denn der Zusammenhang ergibt, dass es sich um die *Liebe zu Gott* handelt, die ihren Gegensatz hat in der *Furcht vor Gott* (vergl. im folgenden Satze ἢ πρὸς τὸ ἀγαπᾶν ἢ πρὸς τὸ φοβεῖσθαι τὸν ὄντα). Die Analogie zu 1 Joh. 4,18 liegt auf der Hand.

---

[1] Profangraecitaet und biblischer Sprachgeist, Leipzig 1859, 62: »Ἀγάπη als reiner Begriff fehlt, soweit die Nachweise der Lexika reichen, auch der κοινή.«

[2] ²3: »*In Philone et Josepho legi non meminī*« (nach BRETSCHNEIDER).

[3] ²14: »dieses anscheinend von den LXX oder doch in ihrem Kreise gebildeten Wortes (Philo und Josephus kennen es nicht)...«

[4] Ich hatte dasselbe noch nicht zur Hand, als ich den Artikel der Bibelstudien ἀγάπη schrieb.

[5] Die Stelle bezieht sich auf den scheinbaren Widerspruch zwischen LXX Deut. 1,31 und Num. 23,19.

Der Vollständigkeit halber sei hier noch eine andere Stelle notiert, die freilich einen völlig sicheren Beitrag zur Entscheidung unserer Frage nach der einen oder anderen Seite nicht gibt. Ein Scholion zu Thuc. II 51,5 bietet zu ἀρετῆς die Glosse φιλανθρωπίας καὶ ἀγάπης (ed. POPPO II 2 p. 92 oder A. SCHOENE [1874] p. 209 26). Die Wertung dieser Glosse hängt für uns ab von der Beantwortung der Frage, ob der Glossator Christ war oder nicht. Aber eine sichere Antwort kann hierauf nicht gegeben werden. Über das Alter eines einzelnen Scholion bezw. eines sprachlichen Ausdrucks der Scholien kann man nach dem gegenwärtigen Stande der Scholienforschung nichts mit Bestimmtheit sagen. Immerhin haben nach Ansicht des Herrn Professors Dr. G. WISSOWA in Halle a. S., der mir in bereitwilligster Weise diese Auskunft erteilte, derartige nach der Interlinearerklärung schmeckende Glossen, welche die Erklärung nur durch Umformung des Ausdruckes geben, das Präjudiz jungen Ursprungs gegen sich.

ἀκατάγνωστος.

Seither nur 2 Macc. 4 47, Tit. 2 8 und bei kirchlichen Schriftstellern nachgewiesen. *Clavis*³ 14 begnügt sich mit der Feststellung dieses Thatbestandes, CREMER⁸ 245 isoliert das Wort: »nur in der bibl. u. kirchl. Gräc.« Bildung und Bedeutung sprechen jedoch für die Vermutung, dass mit einem statistischen Zufall zu rechnen ist. Thatsächlich steht das Wort in der Grabschrift CIG 1971 b 5 (Thessalonike, 165 n. Chr.) von der Verstorbenen, ebenso in der poetischen Grabschrift des Capitolinischen Museums zu Rom IGrSI¹ 2139 8 (Zeit?) von dem Verstorbenen (ἄμεμπτος, ἀκατάγνωστος)²,

---

¹ *Inscriptiones Graecae Siciliae et Italiae additis Graecis Galliae Hispaniae Britanniae Germaniae inscriptionibus consilio et auctoritate Academiae Litterarum Regiae Borussicae edidit* GEORGIUS KAIBEL, ... *Berolini* 1890.

² KAIBEL, *Epigrammata Graeca ex lapidibus conlecta, Berolini 1878*, S. 295 f. behandelt die Inschrift unter Nr. 728 als christlich, ohne Angabe von Gründen.

endlich auch in einer Pachturkunde, die zwar aus christlicher Zeit stammt, aber kaum als Denkmal der »kirchlichen« Gräcität im Sinne von CREMER gelten kann: BU 308 8 (Faijûm, byz. Zeit) ἐπάναγκες ἐπιτελέσωμεν τὰ πρὸς τὴν καλλιεργίαν τῶν ἀρουρῶν ἔργα πάντα ἀκαταγνώστ[ως].[1]

ἐάν.

1. Zu ἐάν mit dem Indikativ[2] bemerkt A. BUTTMANN[3]: »Es ist zwar nicht zu läugnen, dass die Anzahl der betreffenden Beispiele unter der Masse der grammatisch regelrechten fast verschwinden, wie es auch Bedenken erregen könnte, dass fast keine einzige Stelle mit dem Indik. völlig sicher überliefert ist.« Mit Recht legt er jedoch an den Stellen, wo Indikativ und Konjunktiv überliefert sind, letzteren den Abschreibern zur Last. Absolut sichere Beispiele sind aus verhältnismässig früher Zeit nicht eben viele nachgewiesen. In den Papyri sind mir folgende aufgefallen: BU 300 6 (Faijûm, 148 n. Chr.) κἂν δέον ἦν[4], 48 10 (Faijûm, 2.·3. Jahrh. n. Chr.) ἐὰν δὲ μὴ ἐνῆν[5]; in beiden Fällen handelt es sich um ein eigentliches Präteritum.[6] Ferner mit folgendem Indikativ des Präsens oder des Futurum Pariser Papyrus 18 (Kaiserzeit?)[7] in der Mitte ἐὰν μαχουσιν μετ' ἐσοῦ οἱ ἀδελφοί σου, jenachdem man μάχουσιν oder μαχοῦσιν accentuiert[8], BU 597 6 (Faijûm, 75 n. Chr.) καὶ ἐὰν

---

[1] So ergänzt der Herausgeber WILCKEN; möglich wäre m. E. auch ἀκαταγνωστ[οι].

[2] Streng genommen gehört dieser Punkt nicht in unseren Abschnitt; ich habe ihn hier behandelt, um den Artikel ἐάν nicht zu zerreissen.

[3] Grammatik des neutestamentlichen Sprachgebrauchs, Berlin 1859, 192.

[4] Ich halte es nicht für richtig, dass der Herausgeber ἦν zu ändern vorschlägt in ᾖ. Vergl. auch die unten citierte Stelle BU 543 6.

[5] Dreimal (Z. 6. 10. 17) steht in demselben Papyrus ἐάν mit dem Konjunktiv.

[6] WINER-LÜNEMANN 277 unten β.

[7] Notices et extraits des manuscrits de la bibliothèque impériale t. XVIII p. 2, Paris 1865, S. 232 f., abgedruckt in meinen Bibelstudien 215 f.

[8] Zu μάχω vergl. die analogen Fälle WINER-LÜNEMANN 244 oben.

εἰπόσει[1], vergl. 607 ss (Faijûm, 163 n. Chr.) ὁπόταν[2] ἀναιϱ[ο]ῦνται und die unten citierten Stellen 86 19. ss.

2. Zu dem häufigen ἐάν statt ἄν in Relativsätzen schreibt WINER-LÜNEMANN 291: »Für ἄν steht im N. T. Texte nach Relativis (wie in LXX. und Apokryph........, hin und wieder bei den Byzantinern, ...) oft nach den besten und meisten Autoritäten ἐάν [folgen die Stellen], wie nicht selten in den Codd. griech. Schriftsteller, selbst attischer. Die neuern Philologen ... schreiben durchaus dafür ἄν..... Dies haben die Editoren des N. T. noch nicht gewagt, und es könnte wirklich ἐάν für ἄν eine Eigenheit der spätern (wo nicht schon der frühern) Volkssprache gewesen sein.« Ähnlich urteilt A. BUTTMANN 63 f.: »Das häufige Vorkommen dieser Verwechslung lässt mit Sicherheit auf das Vorhandensein dieser immerhin fehlerhaften (aber doch nicht ganz unbegründeten) Schreibung des Wortes bei Späteren wenigstens schliessen.« Auch SCHMIEDEL[3] erkennt dieses ἐάν als spätgriechisch an. Aber noch 1888 erklärt es GRIMM, Clavis[6] 112 »ex usu ap. profanos maxime dubio«. Der Fall ist äusserst lehrreich für die grundsätzliche Frage nach dem Sprachcharakter der griechischen Bibel. Nur wenn das »biblische Griechisch« eine besondere sprachgeschichtliche Grösse ist, wird man es begreiflich finden, dass jene formelle Kleinigkeit, die massenhaft[4] in der griechischen Bibel vorkommt, bei den »Profanen« sehr zweifelhaft sein soll. Werden aber die biblischen Spracherscheinungen aus dem Bannkreise des Dogmas von der biblischen Gräcität heraus-

---

[1] Diese eigentümliche Form (Weiterbildung von εἶπον?) ist jedenfalls indikativisch zu fassen.

[2] Über ὁπόταν und ὅταν mit dem Indikativ des Futurum bei den Sibyllisten handelt A. RZACH, Zur Kritik der Sibyllinischen Orakel, *Philologus* LIII (1894) 283.

[3] HC II 1 (1891) 98 zu 1 Cor. 6 ss.

[4] Bei den LXX unzähligemal (H. W. J. THIERSCH, *De Pentateuchi versione Alexandrina libri tres*, Erlangae 1841, 108); in den Apokryphen zählt CH. A. WAHL, *Clavis librorum V. T. Apocryphorum philologica*, Lipsiae 1853, 137 f. 28 Fälle auf; im N. T. hat *Clavis*[6] 17 Fälle. Gewiss sind dabei noch manche Fälle durch Abschreiber oder Herausgeber unterdrückt worden.

genommen, so kann man das eventuelle Fehlen »profaner« Belege in unserem Falle höchstens als einen Zufall bezeichnen. Nun zeigen aber die Papyri, dass das »biblische« ἐάν — wenigstens im Zeitalter des Neuen Testaments [1] — überaus häufig in Ägypten gebraucht worden ist; sie bestätigen also aufs glänzendste die Vermutung von WINER und A. BUTTMANN. Das Neue Testament ist hier wirklich von einer Wolke von Zeugnissen umgeben; ich zweifele nicht, dass die Ptolemäerpapyri und die Inschriften weiteres Material bieten, durch welches das ἐάν der LXX und der Apokryphen gedeckt wird. Wegen der typischen Bedeutsamkeit der Sache seien hier eine Anzahl von Papyrusstellen [2] notiert, die zu den neutestamentlichen Stellen gleichsam den sprachgeschichtlichen Rahmen abgeben: BU 543₆ (Hawarah, 27 v. Chr.) ἦ ὅσων ἐὰν ἦν, PER CCXXIV₁₀ (Faijûm, 5/6 n. Chr.) ἦ ὅσων ἐνὰν ⁿᶜ ἦ [3], BU 197₁₀ (F., 17 n. Chr.) ἦ ὅσων ἐὰν αἰρ[ῆται], ebenda ₁₉ οἷς ἐὰν αἰρῆται, 177₇ (F., 46/47 n. Chr.) ἦ ὅσων ἐὰν ὦσιν, PER IV₁₁ (F., 52/53 n. Chr.) ἦ ὅσων ἐὰν ὦσι, ebenda ₁₈ ὡς ἐὰν βούληται, BU 251₆ (F., 81 n. Chr.) [ἀ]φ' ἧ[ς ἐ]ὰν [ἀπ]αιτήσει ⁿᶜ, PER I₁₉ (F., 83/84 n. Chr.) ὡς ἐὰν [βούλω]ηται, ebenda ₂₀ ἦ ὅσαι ἐὰν ὦσι, BU 183₈ (F., 85 n. Chr.) ἀφ' ἧς ἐὰν ἀπαιτηϑῇ, ebenda ₁₉ ὅσα ποτὲ ἐὰν καταλείψῃ ⁿᶜ, ebenda ₂₈ οἷς ἐὰν βούληται, 260₆ (F., 90 n. Chr.) ὁπόδε ⁿᶜ ἐὰν αἰρῇ, 252₉ (F., 98 n. Chr.) ἀφ' ἧς [ἐὰ]ν ἀπα[ι]τ[η]ϑῇ, 538₈ (F., 100 n. Chr.) ἦ ὅσων ἐὰν ὦσι, PER CLXXXVIII₂₀ (F., 105/106 n. Chr.) ὡς ἐὰν αἰρῶνται, ebenda ₂₁ ἦ [ὅσα]ι ἐὰν ὦσι, XI₂₆ (F., 108 n. Chr.) ἅ[ς] ἐὰν αἰρῆται, XXVIII₇ (F., 110 n. Chr.) οἷα ἐὰν ἐγβῇ ⁿᶜ, ebenda ₁₄ ἦ ὅσων ἐὰν ὦσι, BU 101₉ (F., 114 n. Chr.) ἐξ οὗ ἐὰν αἰρῇ μέρους, ebenda ₁₈ ἐφ' ὃν ἐὰν ... χρόνον, 444₇ (Zeit des Trajan) ἦ ὅσῃ ⁿᶜ ἐὰν ᾖ, 113₄

---

[1] Ich habe nur Papyri der (frühen und späten) Kaiserzeit zu dieser Frage verglichen.

[2] Fast in allen Fällen haben die Berliner und Wiener Herausgeber vorgeschlagen, ἄν statt ἐάν zu lesen; aber es kann sich hier doch wirklich nicht um einen Schreibfehler handeln. Zu lesen ist in allen Fällen, wie geschrieben steht, ἐάν. Im Bd. II der Berliner Urkunden ist ἐάν mit Recht meist stehen gelassen.

[3] Pap.: η; WESSELY accentuiert S. 255 ἦ ˢⁱᶜ.

(143 n. Chr.) πρὸς ἃς ἐὰν μεταξὺ ἀγάγωσι, 300 ιι (F., 148 n. Chr.) οἷς ἐὰν πρὸς ταῦτα ἐπιτελέσῃ, 86 7. ιs (F., 155 n. Chr.) ὧν ἐὰν καταλείψῃ ⁿⁱˢ, ebenda ιɔ μέχρι ἐὰν ... γένο[ιται]ⁿᶜ, ebenda ss ὁπ[ό]τε ἐὰν ... γένονται ⁿⁱˢ, 80 [= 446] ιᴀ (F., 158/159 n. Chr.) ὁπότε ἐὰ[ν αἰρῆται], ebenda ss ὁπότε αἰὰν ⁿⁱˢ αἰρ[ῇ], 542 ιs (F., 165 n. Chr.) ὅ ἐὰν αἰρῆται, 282 ss (F., nach 175 n. Chr.) ἢ ὅσοι ἐὰν ὦσι, ebenda ss ὡς ἐὰν αἰρῆται, 241 ss (F., 177 n. Chr.) [ἢ ὅσαι] ἐὰν ὦσι, ebenda ss ἢ ὅσαι [ἐὰ]ν ὦσι, ebenda ss ὡ[ς ἐ]ὰν αἰρῆται, 326 I ιo (F., 189 n. Chr.) εἴ τι ἐὰν ἀν[ϑ]ρωπιν[ο]ν πά[ϑῃ], ebenda II s εἴ τι ἐὰν ἐγώ ... καταλίπω ¹, 432 II 2 s (190 n. Chr.) ὅ,τι ἐὰν πράξῃς, 46 ι7 (F., 193 n. Chr.) ἐν οἷς ἐὰν βούλωμαι τόποις, 233 ιs (F., 2. Jahrh. n. Chr.) ὅ,τι ἐὰν αἰρ[ῶνται], 236 ᴀ (F., 2. Jahrh. n. Chr.) ἢ ὅσων ἐὰν ὦσι, 248 ι9 (F., 2. Jahrh. n. Chr.) ὡς ἐὰν δοκιμάζῃς, 33 ιs (F., 2./3. Jahrh. n. Chr.) ὅπου ἐὰν θέλῃς, ebenda s1 ἢ διὰ οἵου ἐὰν εὕρῃς, 13 ιo (F., 289 n. Chr.) ὡς ἐὰν αἰρῇ, 380 ιs (F., 3. Jahrh. n. Chr.) μετὰ οὗ ἐὰν εὕρω, PER XIX ss (F., 330 n. Chr.) ὧν ἐὰν .. προσφωνήσῃ, BU 364 ιo (F., 553 n. Chr.) ὅσων ἐὰν ὦσιν, 303 ιs (F., 586 n. Chr.) ὅσας ἐὰν ὦσιν, ebenda Verso ι ὅσων [ἐ]ὰν ὦσι.

Überblickt man diese lange Liste, so fällt auf, dass ἐάν in vielen stereotyp wiederkehrenden Formeln gebraucht ist, aber doch auch in freier gebildeten Sätzen. Man beachte auch,

---

¹ Von diesem zweimaligen εἰ mit folgendem (ἐάν =) ἄν aus ist das eigentümliche negative εἰ μή τι ἄν 1 Cor. 7 s zu verstehen. Schmiedel erklärt HC II 1 (1891) 100: »εἰ μή τι ἄν = ἐὰν μή τι, wie Orig. liest.« Diese Gleichung durfte nicht aufgestellt werden, sie giebt nur Aufschluss über den Sinn der Verbindung, nicht aber über ihre syntaktische Eigenart. Mit dem ἐάν in ἐὰν μή τι hat εἰ μή τι ἄν sprachlich nichts zu schaffen: ἄν steht hier nach εἰ vielmehr genau wie nach einem hypothetischen Relativ, also *wenn nicht gegebenen Falls*, *wenn nicht etwa*. Dass das Verbum (etwa ἀποστερῆτε oder γένηται) ergänzt werden muss, ist völlig ohne Einfluss auf die grammatische Beurteilung. — Blass, Gr. S. 211 rechnet εἰ μή τι ἄν zu den Verbindungen, in denen εἰ und ἐάν vermischt sind. Diese Annahme halte ich wegen des ἄν für ausgeschlossen. Auch A. Buttmann 190 Anm. rechnet mit ihr, deutet freilich auch die mir als richtig erscheinende Erklärung 189 Z. 1 v. u. und 190 Z. 1. 2 v. o. an. Sie wird durch das εἰ ἄν des Papyrus erhärtet.

dass es sehr verschiedenartige Schriftstücke sind, in denen wir es finden, nicht nur amtliche Urkunden, bei denen die Vermutung immerhin berechtigt wäre, dass man nur eine Eigentümlichkeit der Kanzleisprache vor sich habe. Die geradezu klassische Zeit für sein Vorkommen ist das 1. und 2. Jahrhundert n. Chr., später scheint es seltener zu werden. Nur BU 372 II₁₇ (Faijûm, 154 n. Chr.) ἐξ οὗ ἄν ... προτεσθῇ, 619₇ (F., 155 n. Chr.) ἄχρι ἄν ἐξετασθῇ, 348₅ (F., 156 n. Chr.) ὡς ἄν δοκειμάσῃς^sic, ebenda 7 ὡς ἄν δύνοι^sic, 419₁₁ (F., 276/277 n. Chr.) ἄχρις ἄν παραγένωμαι, 316₁₁ (Askalon in Phönicien, 359 n. Chr.) ὃν ἄν αἱρῆτε^sic τρόπον, ebenda ₂₆. ₂₆ καὶ ὅσον ἄν .... διαφέρῃ, ₂₆ ὧν ἄν .. ἐπικτήσῃ[τ]ε^sic ist mir das »korrekte« ἄν vorgekommen; ich kann allerdings für Vollständigkeit nicht garantieren. Für nicht berechtigt halte ich die Vermutung, ἐάν für ἄν sei Alexandrinismus, wofür etwa das wiederholte ἄν der zuletzt citierten Urkunde aus Askalon geltend gemacht werden könnte. Man muss mit solchen Isolierungen sehr vorsichtig sein.

Nachtrag. Auf den Gebrauch von ἐάν für ἄν in den Papyri verweist auch Blass, Gr. S. 61 unter Citierung von BU 12, 13, 33, 46 »usw.« und S. 212 unter Citierung des Londoner Aristoteles-Papyrus (Ende des 1. Jahrh. n. Chr.).

εἰ (εἰ?) μήν.

Hebr. 6₁₄ steht (wie schon LXX z. B. Ez. 33₂₇, 34₈, 35₆, 36₅, 38₁₉, Num. 14₂₈, Hiob 27₃, Judith 1₁₂, Bar. 2₂₀) nach guter Überlieferung εἰ μήν als Schwurformel. Am eingehendsten hat hierüber F. Bleek zu der Stelle gehandelt[1]; er schliesst seine Untersuchung mit folgenden Worten: »Diese [die LXX-] Beispiele zeigen, wie auch an unserer Stelle εἰ μήν für die Alexandrinischen Juden keine sinnlose Lesart war, wie Tholuck sie nennt; und es mag dieser Fall zum Beweise dienen, wie sehr wir uns zu hüthen haben, eine durch das Zusammenstimmen der ältesten Zeugen verschiedener Klassen und Gegenden be-

---

[1] Der Brief an die Hebräer erläutert, 2. Abth., Berlin 1840. 248—250.

urkundete Lesart ohne weiteres unter dem Vorwande der Sinnlosigkeit zu beseitigen, ohne genauer untersucht zu haben, ob sie sich nicht nach biblischem Sprachgebrauche begründen oder vertheidigen lässt.« Diesen »biblischen« Sprachgebrauch lässt er S. 250 oben entstanden sein aus »einer Vermischung der Griechischen Schwurformel ἦ μήν mit der ganz Un-Griechischen, aus buchstäblicher Nachbildung des Hebräischen hervorgegangenen εἰ μή.« Noch Clavis² 118 und WINER-SCHMIEDEL § 5,15 (S. 46) halten diese Vermischung für möglich, falls nicht etwa eine itacistische Vertauschung von ῃ mit ει vorliege und ἦ μήν gemeint sei. Die letztere Vermutung erklärt dagegen O. F. FRITZSCHE[1] für die einzig zulässige und findet in der Meinung von BLEEK ein Beispiel, »wie leicht das steife Hängen am überlieferten Buchstaben zur Akrisie und zum Abentheuerlichen führt.«

Der ganze Fall ist wieder überaus lehrreich. Wie plausibel klingt doch einem Freunde der »biblischen« Gräcität, was BLEEK behauptet, und was ihm von so vielen geglaubt worden ist! Hier das griechische ἦ μήν, dort das hebräische אם לא = εἰ μή, aus beiden mischte der biblische Sprachgeist ein εἰ μήν! Er hätte auch ein ἦ μή daraus mischen können, aber er that es nicht, er zog εἰ μήν vor. Schade, dass dieser schöne Gedanke durch die Papyri aus der Welt geschafft wird.[2] BU 543 ₃ ff. (Hawarah, 28/27 v. Chr.) lautet: ὄμνυμι Καίσαρα Αὐτοκράτορα θεοῦ υἱὸν εἶ μὴν παραχωρήσειν ... τὸν .. κλῆρο[ν], und PER CCXXIV 1 ff. (Soknopaiu Nesos im Faijûm, 5/6 n. Chr.) lesen wir: ὀμνύο*[.. Καίσαρα] Αὐτοκράτορα θεοῦ υ[ἱὸν] .... εἰ μὴν ἐμμένειν ἐν πᾶσι τοῖς γεγε[νημένοις κατὰ τὴ]ν γραφήν .... Da haben wir in zwei von einander unabhängigen Fällen εἰ (εἶ?) μήν als Schwurformel auf Papyrusblättern, die etwa hundert Jahre älter

---

[1] HApAT II (1853) 138, vergl. I (1851) 186.

[2] Aber auch an und für sich betrachtet, ist die Annahme einer Vermischung undenkbar. Wenn εἰ μήν zur Hälfte hebraisierend ist, dann muss εἰ im Sinne von אם stehen. Dann erhält aber die Formel einen negativen Sinn, also z. B. Hebr. 6₁₄ würde dann lauten: *wahrhaftig, wenn ich dich segne und vermehre* — [scil.: *dann will ich nicht Gott sein*, oder etwas Ähnliches].

sind, als das Original der Hebräerepistel, die aus demselben Lande stammen, in welchem die LXX und höchstwahrscheinlich der Verfasser der Hebräerepistel geschrieben haben. Was für eine Bewandtnis es nun auch mit diesem εἶ (εἰ?) μήν haben mag, so viel ist jedenfalls sicher, es ist keine specifisch bibelgriechische oder judengriechische[1] Spracherscheinung. Entweder liegt wirklich, wie FRITZSCHE zu den biblischen, KREBS[2] und WESSELY[3] zu den Papyrus-Stellen annehmen, nur itacistische Vertauschung von η mit ει vor[4], — oder die Wendung ist eine eigentümliche, zunächst nur für Ägypten nachweisbare Schwurformel, über deren Entstehung ich eine Meinung nicht auszusprechen wage. Die häufige ausgezeichnete Bezeugung des ει durch die Bibelhandschriften gerade in dieser Verbindung[5] und sein Vorkommen in derselben Verbindung an zwei von einander unabhängigen Papyrusstellen verdienen in jedem Falle unsere vollste Beachtung.

Nachtrag. Auch BLASS ist das εἶ μήν wenigstens der ersteren Stelle BU 543 nicht entgangen; er schreibt Gr. S. 9: »*Εἶ μήν* st. ἦ μήν H 6,14 (ℵ ABD¹) ist auch bei den LXX und auf Papyrus bezeugt [dazu Anm. 4 Verweis auf BU 543 und BLASS, Ausspr. d. Gr. 33³, 77]; es gehört übrigens alles dies eigentlich in das Gebiet der Orthoepie und nicht der Orthographie.« Ferner ebenda 60: »ἦ, richtiger εἶ, in εἶ μήν« und 254: »Sätze der Versicherung, direkt und indirekt (letztere Infinitivsätze) werden klassisch mit ἦ μήν eingeführt,

---

[1] Dass wir in den beiden Papyri Juden vor uns haben, ist ausgeschlossen.

[2] KREBS schreibt in der Berliner Urkunde εἰ und bemerkt dazu »l. ἦ̃.«

[3] WESSELY schreibt ει *sic* μην und bemerkt dazu »l. ἦ μήν.«

[4] So steht z. B. in der Berl. Urkunde unmittelbar vorher umgekehrt χρηων statt χρειων. (Sonst ist sie, wie die Wiener, gut geschrieben.) Vergl. auch BU 316,13 (Askalon, 359 n. Chr.) εἶ [= ἦ] καὶ εἴ τινι ἑτέρῳ ὀνόματι καλῖτε und umgekehrt 261,19 (Faijûm, 2./3. Jahrh. n. Chr.) ἦ μή jedenfalls statt εἰ μή.

[5] Der Notiz des *Etymologicum Magnum* p. 416 ἦ· ἐπίῤῥημα ὀρκικόν· ὅπερ καὶ διὰ διφθόγγου γράφεται wird eine selbständige Bedeutung nicht zukommen; sie gibt wohl nur den handschriftlichen Befund der gleich darauf citierten Stelle Hebr. 6,14 = LXX Gen. 22,17 wieder.

wofür sich in hellenist.-röm. Zeit *εἶ* (Accent?) *μήν* geschrieben findet; so LXX und daraus H 6₁₄.« Wie BLASS über die Schreibung und die Entstehung der Formel denkt, ist mir dabei nicht ganz klar geworden; aus der zuletzt angeführten Bemerkung geht jedenfalls hervor, dass er die Accentuierung *εἶ*, die er zu vertreten scheint, nicht für völlig zweifellos hält.

2. **Nachtrag**. Das citierte Werk von BLASS, Über die Aussprache des Griechischen³, Berlin 1888, S. 33 ergibt, dass auch die dorische Mysterieninschrift von Andania im Peloponnes (93 oder 91 v. Chr.) unsere Schwurformel gebraucht; der ὅρκος γυναικονόμου beginnt Zeile ₂₇ εἰ μὰν ἕξειν ἐπιμέλειαν περί τε τοῦ εἱματισμοῦ (DITTENBERGER, *Sylloge* No. 388 p. 570). BLASS bemerkt hierzu: »*Εἰ μάν* indes scheint mehr ein iussum speciale der Sprache als auf allgemeiner Regelung beruhend zu sein.«

ἐλαιών.

Sicher steht das Wort Act. Ap. 1₁₂ ἀπὸ ὄρους τοῦ καλουμένου ἐλαιῶνος, nach *Clavis*ᴮ 140 sonst nur noch bei LXX und Josephus: »*apud Graecos non exstat.*« Statistischer Zufall: allein in den Berliner Papyri Bd. I steht ἐλαιών Olivenhain oder *Olivengarten* in 9 verschiedenen Urkunden, darunter aus »neutestamentlicher« Zeit BU 37₈ (51 n. Chr.), 50₆ (115 n. Chr.); aus Bd. II citiere ich noch BU 379₁₂.₁₄ (67 n. Chr.), 595₁₀ (etwa 70—80 n. Chr.). Die genannten Papyri sind alle aus dem Faijûm. Die Bildung des Wortes ist von *Clavis*ᴮ richtig angegeben [1]; aber es ist eine irreführende Einseitigkeit, wenn gesagt wird: »*terminatio ών est nominum derivatorum indicantium locum iis arboribus consitum, quae nomine primitivo designantur.*« Die Endung -ών dient überhaupt, nicht nur bei den Namen der Bäume, zur Bildung von Wörtern, die den Ort bezeichnen, an welchem die betreffenden Gegenstände vorhanden sind. Ebenso sonderbar ist die weiter aufgestellte Gleichung *olivetum, locus oleis consitus, i. e.* [!] *mons olearum*. Als könnte ein ἐλαιών nicht gerade so gut in einem Thale oder sonstwo sein. Auch

---

[1] A. BUTTMANN 20 verweist auf »die gleichgebildeten griech. Bergnamen (Κιθαιρών, Ἑλικών etc.)«.

Act. Ap. 1,12 bedeutet ἐλαιών natürlich nicht *Olivenberg*, sondern *Olivenort* oder wenn man lieber will *Olivenwald*.[1] Das Wort ist hier als Ortsname gebraucht, gewiss; aber wenn ein bestimmter Berg den Namen ἐλαιών hat, so folgt daraus nicht, dass der Lexikograph ἐλαιών durch *mons olearum* wiederzugeben hat. Das wäre genau so verkehrt, als wollte man Marc. 5,9 etc. λεγιών durch *Dämonenlegion* übersetzen.

Der Umstand, dass das Wort seither nur spärlich belegt war, wird mit dazu beigetragen haben, dass ihm auch in anderer Beziehung sein Recht nicht immer geworden ist. Luc. 19,29 ist einstimmig überliefert πρὸς τὸ ὄρος τὸ καλούμενον ἐλαιῶν, ebenso 21,37 εἰς τὸ ὄρος τὸ καλούμενον ἐλαιῶν, und[2] Marc. 11,1 schreibt der Vaticanus πρὸς τὸ ὄρος τὸ ἐλαιων, der Bobbiensis *ad montem eleon*, Luc. 22,39 der Sangallensis Δ εἰς τὸ ὄρος ἐλαιων. An den beiden erstgenannten Stellen wurde ἐλαιων früher wohl allgemein als Genetiv des Plurals von ἐλαία gefasst und ἐλαιῶν accentuiert. Noch SCHMIEDEL[3] erklärt diese Fassung für möglich, und in der That wäre die dann anzunehmende verkürzte Redeweise nicht ohne Analogie: BU 227,10 (Faijûm, 151 n. Chr.) finde ich ἐν τόπ(ῳ) Καιτῆς Διώρυγος λεγο(μένῳ); ebenso 282,21 (Faijûm, nach 175 n. Chr.) ἐν τόπῳ Οἰκίας[4] Καντ[. λ]εγομένου"ᶜ und Z. 24 f. ἐν τόπῳ Οἰκίας[4]

---

[1] Ich kann eben nicht konstatieren, ob der in der genannten Gleichung liegende methodische Fehler auf die Rechnung von W. GRIMM zu setzen ist, oder ob eine falsche Aufstellung von CHR. G. WILKE nachwirkt. Jedenfalls kann man den Fehler mit den treffenden Worten des letzteren (Die Hermeneutik des Neuen Testaments systematisch dargestellt, zweiter Theil: die hermeneutische Methodenlehre, Leipzig 1844, 181) charakterisieren: »Oefters pflegen die Erklärer dem oder jenem Worte eine Bedeutung unterzulegen, die nur in dem einen oder anderen der damit verbundenen Worte liegt, und die dem Worte weder ausser, noch in dieser Verbindung zukommt.«

[2] Die folgenden Stellen finde ich nirgends berücksichtigt.

[3] WINER-SCHMIEDEL § 10,4 (S. 93). Wie ich an diesem Orte sehe, schreiben auch NIESE und BEKKER bei Josephus stets ἐλαιῶν; die betr. Stellen sind *Clavis*[2] 140 citiert.

[4] Der Herausgeber KENYON schreibt οἰκίας, aber das Wort gehört doch wohl zu dem Namen der Flur und ist nach unserer Gewohnheit deshalb

Σα[.....]λοχ [λεγο]μένου *ως*; PER XXXVIII₀ (F., 263 n. Chr.) *ἐν τόπῳ Ψιβιστάνεως λεγομ(ένῳ)*. Immerhin verhält sich die Sache bei den Papyrusstellen doch etwas anders; ich würde sie nur im äussersten Notfall heranziehen. Aber ein solcher läge nur dann vor, wenn eben *ἐλαιων* ein Genetiv sein müsste. Da nun zweifellos *ἐλαιών*[1] accentuiert werden kann, so ist nur die Frage, ob diese durch Act Ap. 1,12 nahegelegte Fassung, die von vornherein wahrscheinlicher ist, als das bei Lukas beispiellose *ἐλαιῶν* ohne Artikel, grammatisch zu halten ist. Und diese Frage ist entschieden zu bejahen. Zwar nicht mit A. BUTTMANN 20, weil das Wort »ganz wie ein *indeclinabile*, mithin als Neutrum, behandelt« wäre[2], wohl aber durch Hinweis auf den laxeren Sprachgebrauch des späteren Griechisch[3], dessen Kenntnis uns durch die Papyri erweitert wird. Die Formeln *ὁ καλούμενος, ἐπικαλούμενος, ἐπικεκλημένος, λεγόμενος* zur Einführung von Personen- und Ortsnamen finden sich hier überaus häufig. In der Regel werden dieselben mit dem richtigen Casus konstruiert, in den Berliner Urkunden Bd. I allein in etwa 30 Fällen vom Jahre 121 bis 586 n. Chr. Aber an mehreren Stellen aus Faijûmer Papyri ist doch auch der laxere Gebrauch zu notieren: schon BU 526₁₅ f. (86 n. Chr.) *ἐν τῇ Τεσσβῶβις λε[γομ]ένης*[*ως*] und 235₄ (137 n. Chr.) *Π[α]σ[ί]ων[ος] Ἀφροδισίου ἐπικ(αλουμένου) Κέννις* werden *Τεσσβῶβις* und *Κέννις* Nominative sein; 277 I₂₇ (2. Jahrh. n. Chr.) heisst es, sogar ohne ein Particip, *ἐν ἐποικίῳ Ἀμύντας*, und 349 7 f. (313 n. Chr.) steht *ἐν κλήρῳ καλουμένου*[*ως*] *Ἀφρικιανός*.

Gegen die Accentuation *ἐλαιών* Luc. 19,29 und 21,37 dürfte demnach kaum mehr etwas einzuwenden sein; sie ist auch Marc. 11,1 B und Luc. 22,39 Δ vorzunehmen. Nur kurz berühren kann ich hier eine andere Frage, die mir eine genauere Untersuchung zu verdienen scheint. Welche griechische Lesart für den Namen des Ölbergs setzt die Vulgata voraus? Bei Matthäus heisst der

---

mit grossem Anfangsbuchstaben zu schreiben. Die beiden Namen gehören m. E. in den Index *sub Οἰκίας Κανν*[.] und *Οἰκίας Σα*[.....]*λοχ*.

[1] So accentuieren die neueren Herausgeber.
[2] Das liesse sich nur von der Lesart Marc. 11,1 nach B behaupten.
[3] WINER-SCHMIEDEL § 10,4 (S. 93) und WINER⁷ § 29,1 (S. 171).

Ölberg in unseren Texten stets (21,1, 24,8, 26,30) τὸ ὄρος τῶν ἐλαιῶν, in der Vulgata stets *mons oliveti*; ebenso verhält es sich (ausser an den wegen ἐλαιών selbstverständlichen Stellen Luc. 19,29, 21,37 und Act. Ap. 1,12) auch Luc. 19,37 und Joh. 8,1, wo ebenfalls dem ὄρος τῶν ἐλαιῶν ein *mons oliveti* entspricht. Die Sache hätte keine weitere Bedeutung, wenn die Vulgata den Ölberg immer so bezeichnen würde. Aber bei Markus stets (11,1, 13,3, 14,26) und Luc. 22,39 übersetzt sie wie schon Sach. 14,4 τὸ ὄρος τῶν ἐλαιῶν durch *mons olivarum*.[1] Legt dieser Thatbestand nicht die Vermutung nahe, dass die Vulgata an den erstgenannten Stellen irgendwie die Lesart ἐλαιών voraussetzt? Wie heisst der Ölberg in den anderen alten Übersetzungen?[2]

Nachtrag. BLASS, Grammatik d. Neutest. Griechisch, äussert sich zu der Frage an mehreren Stellen in einer Weise, die meinen lebhaftesten Widerspruch hervorruft. Er sagt S. 32: »Ἐλαιών Oelberg kann als griech. Uebersetzung nicht indekl. sein; also wie sonst τὸ ὄρος τῶν ἐλαιῶν auch ὄρος (Acc.) τὸ καλούμενον ἐλαιῶν (nicht Ἐλαιών) L 19,29. 21,37; falsch flektirt A 1,12 ὄρους τοῦ καλουμένου Ἐλαιῶνος alle Hdschr., st. ἐλαιῶν; vergl. § 33, 1.« Und § 33, 1 (S. 84) heisst es dann: »Der Nominativ als Casus des Namens .. scheint zuweilen bei der Einführung von Namen ohne Rücksicht auf die Construktion statt des dieser gemässen Casus zu stehen...... Sonst aber wird im Casus stets angeglichen..... Es ist darnach auch unglaublich, dass der Oelberg mit ὁ Ἐλαιών übersetzt und dies Wort undeklinirt gebraucht wäre, L 19,29. 21,37 ὄρος (Akk.) τὸ καλούμενον ἐλαιῶν, sondern man muss ἐλαιῶν schreiben (τὸ ὄρος τῶν ἐλ. L 19,37 u. s.), und an der einzigen St. A 1,12 (ὄρους τοῦ καλουμένου) ἐλαιῶνος in ἐλαιῶν corrigiren (wie auch bei Joseph. A. 7, 9,2).« Zunächst »scheint« nicht der Nominativ zuweilen in laxerer Weise zu stehen, sondern er *steht* thatsächlich zuweilen so; zu den seither bekannten biblischen und

---

[1] Im Apparat von TISCHENDORF ist die ganze Sache ignoriert.

[2] Besonders die Peschito müsste berücksichtigt werden; vergl. schon WISER' 171 Anm. 1. Soweit ich es eben feststellen kann, setzt sie an sämmtlichen Lukas-Stellen ἐλαιών voraus. Aber ich kann dafür nicht garantiren.

ausserbiblischen Stellen kommen die oben aufgeführten Belege aus den Papyri. »Sonst aber wird im Casus stets angeglichen«, — gewiss! Denn jener laxere Gebrauch des Nominativs ist natürlich Ausnahme. Aber dass die Ausnahme möglich ist, kann nicht bezweifelt werden. Deshalb klingt es wenig überzeugend, wenn BLASS auf das *sonst stets* die Meinung gründet: »Es ist darnach auch unglaublich, dass der Oelberg mit ὁ Ἐλαιών übersetzt und dies Wort undeklinirt gebraucht wäre.« Dieser Satz enthält zugleich eine kleine, aber wichtige Verschiebung des Problems. Es handelt sich gar nicht um die Frage, ob an den citierten Stellen ἐλαιών als ein indeklinabeles (vergl. BLASS S. 32 »indekl.«) Wort gebraucht ist, sondern ob dort nach laxerem Gebrauche der Nominativ statt des korrekten Casus steht.[1] Weshalb sollte der laxere Gebrauch hier nicht möglich sein? Wenn es ja Luc. 19₂₉ und 21₃₇ lediglich die Annahme dieses laxeren Gebrauches wäre, die uns zur Aufnahme von ἐλαιών ins neutestamentliche Lexikon nötigte, dann könnte man bedenklich sein. Aber Act. Ap. 1₁₂ ist das Wort von sämtlichen Zeugen einstimmig und zwar in der keinen Zweifel zulassenden Genetivform überliefert. Den Mut, mit dem BLASS hier ἐλαιῶνος in ἐλαιῶν korrigiert, kann ich wohl anstaunen, nicht aber mir aneignen.

ἐνώπιον.

Zu den »biblischen« d. h. nur den LXX und dem N. T. angehörenden Wörtern rechnet H. A. A. KENNEDY[2] das »Adverb« ἐνώπιον, das in der Bibel präpositionell gebraucht wird. A. BUTTMANN 273 lässt die »Präposition« »wahrscheinlich erst im Orient« entstanden sein, und nach WINER-LÜNEMANN 201 gehört »fast die ganze Präpos. ἐνώπιον (לִפְנֵי)« »dem hebrä-

---

[1] Wenn wir — um einen ähnlichen Fall zu nennen — einen Buchtitel lesen: »Jesu Predigt in ihrem Gegensatz zum Judentum. Ein religionsgeschichtlicher Vergleich von Lic. W. Bousset, Privatdocent in Göttingen«, so werden wir nicht sagen, *Privatdocent* sei indeklinabel gebraucht, sondern einen der vielen Fälle eines laxeren Gebrauches des Nominativs in Büchertiteln konstatieren.

[2] *Sources of New Testament Greek, Edinburgh 1895*, 90.

ischen Colorit an«. Man wird aus diesen Bestimmungen nicht recht klug; jedenfalls entsteht leicht die Meinung, ἐνώπιον sei eine Neubildung der »biblischen« Gräcität.[1] Aber BU 578 (Faijûm, 189 n. Chr.) bezeugt wenigstens den adverbiellen Gebrauch des Wortes für Ägypten. Dass der Papyrus verhältnismässig jung ist, thut nichts zur Sache. Zeile ι heisst es dort μεταδ(ος) ἐνώπι(ον) ὡς καϑήκ(ει) τοῖς προστεταγμ(ένοις) ἀκολού[ϑως][2], ebenso dürfte Z. 11. zu ergänzen sein τοῦ δεδομένου ὑπομνήματος ἀντίγρ(αφον) μεταδοϑήτω ὡς ὑπόκ[ειται ἐνώπιον]. Offenbar ist μεταδιδόναι ἐνώπιον eine amtliche Formel. Herr Professor Dr. WILCKEN in Breslau hatte die Freundlichkeit, mir hierüber folgende Auskunft zu erteilen. Die ihm sonst nicht bekannte Formel bedeute *persönlich abgeben*; »die Schuldmahnung soll dem Schuldner von Angesicht zu Angesicht überreicht werden, zur grösseren Sicherheit des Gläubigers.«

Nicht unmöglich ist, wie mir scheint, die Annahme, dass dieses adverbielle ἐνώπιον von den LXX zuerst mit dem Genetiv gebraucht worden ist; es war ja wie geschaffen zu einer möglichst getreuen Wiedergabe des häufigen לִפְנֵי und ähnlicher Ausdrücke. Es kann auch nicht Wunder nehmen, dass wir das Wort namentlich in feststehenden Formeln bei den altchristlichen Autoren häufig finden. Sie gebrauchten es, nicht weil sie ebenfalls Bibelgriechisch schrieben, sondern weil sie in ihrer Bibel Bescheid wussten.

ἐπιούσιος.[3]

In den Verhandlungen über das Wort finde ich nirgends eine interessante Notiz von GRIMM berücksichtigt, sogar von

---

[1] Nachtrag. Vergl. auch BLASS, Gr. S. 125: »ἐνώπιον...., κατενώπιον...., ἔναντι.., κατέναντι.. stammen aus den LXX und sind auch nachmals den Profanschriftst. fremd«.

[2] Auch Z. ι ergänzt der Herausgeber KRBBS ἐν[ώπι]ον; dann würde auch hier die Verbindung μεταδιδόναι ἐνώπιον wiederholt sein. WILCKEN bezweifelt indessen, wie er mir schrieb, die Richtigkeit dieser Ergänzung und schlägt ἐν[τειλ]ον vor.

[3] Bei diesem Worte ist es durch das Zeugnis des Origenes wahrscheinlich gemacht, dass es wirklich ein »biblisches« ist; es gehört also streng genommen nicht hierher.

ihm selbst nicht in der *Clavis*. Er bemerkt zu 2 Macc. 1 s (*προσηνέγκαμεν θυσίαν καὶ σεμίδαλιν καὶ ἐξήψαμεν τοὺς λύχνους καὶ προεθήκαμεν τοὺς ἄρτους*): »Willkürlicher, aber wegen Matth. 6, 11 und Luc. 11, 3 merkwürdiger Zusatz in drei Codd. Sergii: *τοὺς ἐπιουσίους*«.[1] Gemeint sind die *Schaubrote*. Welche Bewandtnis hat es mit dieser Lesart? Was lässt sich über die (mir unbekannten) Handschriften ermitteln?

εὐάρεστος (und *εὐαρέστως*).

CREMER[8] 160 f. sagt von *εὐάρεστος*: »ausser Xen. Mem. 3, 5, 5: *δοκεῖ μοι ἄρχοντι εὐαρεστέρως*"« [lies *εὐαρεστοτέρως*] *διακεῖσθαι ἡ πόλις* — wenn dort nicht gegen LOBECK, Phryn. p. 621, dem Sinn gemässer *εὐαρεσκοτέρως* zu lesen ist — nur in der bibl. u. kirchl. Gräc. Jedenfalls wie die Derivata sonst nur der spät. Gräc. angehörig.« Da die Xenophon-Stelle eventuell ein Beleg für das Adverbium ist, durfte sie für das Adjectivum nicht genannt werden; denn das Adverbium wird von CREMER besonders behandelt und zwar mit der richtigen Angabe 161: »zuweilen bei Epikt.« Nach Ausscheidung der adverbiellen Fälle scheint CREMER's Behauptung, *εὐάρεστος* sei »nur« biblisch und kirchlich, an Wahrscheinlichkeit noch gewonnen zu haben, wiewohl das »sonst« in dem folgenden Satze die Möglichkeit offen lässt, dass das Wort auch anderwärts vorkommt. Jeder Zweifel über diesen Punkt muss indessen schwinden angesichts der Stelle aus einer Inschrift von Nisyros (undatiert, vorchristlich?, Mitteilungen des athen. Instituts 15, 134) Z. 11 f. *γενόμενον εὐάρεστον πᾶσι*.[2] Übrigens hätte schon das Vorkommen des Adverbiums bei [Xenophon(?) und] Epiktet vor einer Isolierung des Adjectivums warnen sollen. Man findet *εὐαρέστως* auch CIG 2885 = LEBAS, *Asie* 33 (Branchidae, vorchristlich): *τελέσασα τὴν ὑδροφορίαν εὐαρέστως τοῖς πολείταις*.

ἱερατεύω.

CREMER[8] 462: »in der Prof.-Gräc. ungebr., nur hie u. da bei Sp[äteren]., z. B. Hrdn., Heliod., Paus.« Unter den »Späteren«

---

[1] HApAT IV (1857) 35.

[2] Ich verdanke diese und die folgende Stelle einem Hinweise von FRÄNKEL S. 315 zu Perg. 461.

fehlt hier zunächst der früheste, Josephus. Sodann ist es ein Widerspruch, erst zu sagen, das Wort sei ungebräuchlich und dann eine Anzahl von Autoren anzuführen, die es doch gebrauchen. Richtig wäre gewesen zu sagen: »in der späteren Gräcität gebräuchlich.« Freilich hört damit die Berechtigung auf, das Wort als ein biblisches zu isolieren. KENNEDY[1] zieht die Konsequenz der CREMER'schen Theorie, indem er die Vermutung ausspricht, $\mathit{ἱερατεύω}$ sei möglicher Weise, da es vor den LXX nicht vorkomme, erst von ihnen gebildet und aus dem »Judengriechischen« ins gemeine Griechisch übergegangen.[2] Da ist es ein wahres Glück, dass die Inschriften gerade für unser Wort eine Unmasse von Belegen ergeben, die bis ins Zeitalter der LXX zurückreichen und den unerschütterlichen Beweis liefern, dass man getrost sagen kann: »in der späteren Gräcität sehr gebräuchlich.« Es genüge, dass aus den beiden von mir untersuchten Sammlungen der Inschriften des ägäischen Meeres (fasc. I) und von Pergamon nur die vorchristlichen hier genannt werden: IMAe 808₈ (Rhodos, 3. Jahrh. v. Chr.), 811 (Rhodos, 3. Jahrh. v. Chr.), 631.₂ (Rhodos, 2. Jahrh. v. Chr.), 3₈ (Rhodos, 1. Jahrh. v. Chr.); Perg. 167₂.₈.₁₆ (ca. 166 v. Chr.), 129 und 130 (vor 133 v. Chr.).

καθαρίζω.

CREMER[3] 490 erklärt es für eine Thatsache, »dass $καθα$-$ρίζω$ überhaupt nur in der bibl.[a] u. (jedoch selten) in der kirchl. Gräc., sich findet.« Aber bereits *Clavis*[2.ᵃ] citiert Joseph. Antt. 11, 5, 4 $ἐκαθάριζε\ τὴν\ περὶ\ ταῦτα\ συνήθειαν$. Wichtiger noch ist das Vorkommen des Wortes im rituellen Sinne in den Inschriften. Die Mysterieninschrift von Andania im Peloponnes (93 oder 91 v. Chr.) schreibt Zeile 87 vor: $ἀναγραψάντω\ δὲ$ $καὶ\ ἀφ'\ ὧν\ δεῖ\ καθαρίζειν\ καὶ\ ἃ\ μὴ\ δεῖ\ ἔχοντας\ εἰσπορεύεσθαι$ (DITTENBERGER, *Sylloge* No. 388 p. 571). Ferner kommen in-

---

[1] *Sources of N. T. Greek* 119.
[2] Er rechnet allerdings auch mit der anderen Möglichkeit, dass das Wort schon vor den LXX gebräuchlich war.
[3] Von CREMER gesperrt.

betracht die inschriftlich zweimal[1] erhaltenen Bestimmungen des Lykiers Xanthos für das von ihm gegründete Heiligtum des kleinasiatischen Gottes Men Tyrannos CIA III 74[2] vergl. 73 (gefunden bei Sunion, nicht älter als die Kaiserzeit). Kein Unreiner darf den Tempel betreten: *καθαριζέστω*"' *δὲ ἀπὸ σ(κ)όρδων κα[ὶ χοιρέων] κα[ὶ γυναικός], λουσαμένους δὲ κατακέφαλα αὐθημερὸν εἰ[σπορεύ]εσθαι*. In der Kladde CIA III 73 heisst es ausserdem noch *καὶ ἀπὸ νεκροῦ καθαρίσζεσται*"' *δε-κα[ταί]αν*. Die Konstruktion mit *ἀπό* steht in diesen Fällen wie z. B. 2 Cor. 7₁, Hebr. 9₁₄, welch letztere Stelle von dem bekannten, in unserer Inschrift und sonst häufig belegbaren Gedanken aus zu verstehen ist, dass die Berührung eines Toten kultisch verunreinigt.[3]

κυριακός.

1. Noch *Clavis*[2] 254 bezeichnet das Wort als *vox solum biblica et eccles.*, und A. JÜLICHER[4] hält gar den Apostel Paulus für den Bildner dieses »neuen« Wortes. CREMER[8] 583 dagegen notiert den ausserbiblischen Gebrauch: »dem Herrn, dem Herrscher eigen, z. B. *τὸ κυριακόν*, Staats- oder fiskalisches Eigentum, synon. *τὸ βασιλικόν* (selten).« Diese Angabe wird auf STEPHANUS zurückgehen, wo »*Inscript. Richteri p. 416*« citiert sind. Aber seit der Veröffentlichung der RICHTER'schen Inschriften durch JOHANN VALENTIN FRANCKE (Berlin 1830) ist *κυριακός* noch verhältnismässig oft durch Inschriften und Papyri bekannt geworden. Ich notiere folgende Fälle. In dem Dekret des Präfekten von Ägypten Ti. Julius Alexander CIG III 4957₁₈ (El-Khargeh oder Ghirgé in der Grossen Oase, 68 n. Chr.), auf das mich Herr Professor Dr. WILCKEN in Breslau aufmerksam gemacht hat, steht *τῶν ὀφειλόντων εἰς κυριακὸν λόγον*. Der *κυριακὸς λόγος* ist die *kaiserliche Kasse*; der *κύριος*, auf den

---

[1] Das eine Exemplar CIA III 73 ist gleichsam die Kladde, das andere 74 ist sprachlich verbessert und gibt einen längeren Text.
[2] = DITTENBERGER, *Sylloge* No. 379.
[3] Belege aus dem klassischen Altertum bei FRÄNKEL S. 188 f.
[4] Einleitung in das Neue Testament, 1. u. 2. Aufl., Freiburg i. B. u. Leipzig 1894, 31.

sich das Wort bezieht, ist eben der Kaiser.[1] Ebenso heisst es
BU 1 15 f. (Faijûm, 3. Jahrh. n. Chr.) α[ἳ] καὶ δ[ια]γραφόμεναι
εἰς τὸν κυριακὸν λόγον ὑπὲρ ἐπικεφαλίο[υ] τῶν ὑπεραιρόντων
ἱερέων und diese [die vorhergenannten Gelder] sind auch ge-
zahlt worden in die kaiserliche Kasse für das Kopfgeld der
übersähligen Priester[2], und BU 266 17 f. (Faijûm, 216/217 n. Chr.)
kommt der kaiserliche Dienst vor: εἰς τὰς ἐν Συρίᾳ κυρι[α]κὰς
ὑπηρεσίας τῶν γενναιοτάτω[ν] στρατευμάτων τοῦ κυρίου ἡμῶν
Αὐτοκράτορος Σε[ου]ήρου Ἀντωνίνου. Aber auch für Kleinasien
fehlt es nicht an Belegen, sämtlich aus der Kaiserzeit. Der
κυριακὸς φίσκος ist genannt CIG III 3919 (Hierapolis in Phrygien[3]),
ebenso ist zu ergänzen in den gleichfalls phrygischen Inschriften
CIG III 3953 h und i; er steht auch CIG III 2842 (Aphrodisiada
in Karien), vergl. 2827. Die κυριακαὶ ὑπηρεσίαι endlich kehren
wieder CIG III 3490 (Theatira in Lydien).[4]

2. Zu der altchristlichen Bezeichnung des *Sonntags* als
ἡ κυριακὴ ἡμέρα oder kurz ἡ κυριακή[5] bemerkt CREMER[6] 583,
sie scheine analog dem Ausdrucke κυριακὸν δεῖπνον zu sein,
und H. HOLTZMANN[6] sagt noch deutlicher: »Der Ausdruck ist
übrigens gebildet nach Analogie von δεῖπνον κυριακόν«. Wenn
man überhaupt nach einer Analogie suchen will, scheint mir
eine andere, durch den Sprachgebrauch der Kaiserzeit gebotene
viel einleuchtender zu sein. Ich teile sie hier mit, ohne freilich
behaupten zu wollen, sie sei von den Christen mit Bewusstsein
als Vorbild für die Schaffung ihres technischen Ausdrucks genommen worden. In der Inschrift von Pergamon 374 B 4. 8
und D 10 (Weihung der pergamenischen Genossenschaft der

---

[1] Vergl. schon Zeile 11 desselben Edikts ταῖς κυριακαῖς ψήφοις.
[2] Briefliche Übersetzung von WILCKEN. Nachträglich finde ich noch
BU 620 14 (Faijûm, 3. Jahrh. n. Chr.) προσετέθη ἐν τοῖς κυριακοῖς λόγο[ις].
[3] Dies ist die oben genannte RICHTER'sche Inschrift.
[4] Entsprechend kommt auch θεῖος vor: die θεῖαι διατάξεις Pap. Par.
69 III 10 (Elephantine, 232 n. Chr.), herausg. von WILCKEN, Philologus
LIII (1894) S. 83 vergl. 95, sind *kaiserliche* Anordnungen.
[5] Die ältesten Stellen notiert A. HARNACK, Bruchstücke des Evange-
liums und der Apokalypse des Petrus[2] (TU IX 2), Leipzig 1893, 67.
[6] HC IV[2] (1893) 318.

ὑμνῳδοὶ θεοῦ Σεβαστοῦ καὶ θεᾶς 'Ρώμης, Zeit des Hadrian) steht dreimal die Abkürzung »Σεβ«. Dazu gibt MOMMSEN bei FRÄNKEL S. 265 die Erklärung: »Σεβ. B4.8 D10 ist Σεβαστῇ und eine schöne Bestätigung der USENERschen Vermutung, dass der erste jeden Monats in Kleinasien Σεβαστή hiess, ebenso wie für Ägypten dies jetzt feststeht; vergl. z. B. LIGHTFOOT, *The apostolic fathers*, *Part II Vol. I* p. 695«[1], und FRÄNKEL S. 512 citiert für Σεβαστή als *erster Tag des Monats* ein neues Zeugnis in der von TH. REINACH, *Revue des Études Grecques* VI (1893) p. 159 bekannt gemachten Inschrift von Iasos Zeile 11 καὶ τὸν κατ' ἐνιαυτὸν γενόμενον τόκον δώσει αἰεὶ τοῦ παρελθόντος ἐνιαυτοῦ μηνὶ πρώτῳ Σεβαστῇ. Wie hiernach der erste Monatstag der *Kaisertag* hiess, so würde der erste Wochentag, ohnehin voll bedeutsamer Beziehung zur evangelischen Geschichte, von den Christen der *Herrntag* genannt worden sein. Die Analogie erhält ihren vollen Wert, wenn sie im Zusammenhange des gesamten Sprachgebrauchs von κύριος betrachtet wird.[2]

λογεία.

Es ist mir gelungen, das Wort noch anderweitig[3] aufzuspüren, zunächst in einer Zusammensetzung: BU 538 16 f. (Faijûm, 100 n. Chr.) βοτανισμοὺς καὶ σιφονολογείας[4] καὶ τὴν ἄλλην γεωργικὴν [ὑπη]ρ[εσί]αν. Sodann möchte ich auf 2 Macc. 12 43 aufmerksam machen. Hier liest O. F. FRITZSCHE ποιησάμενός τε κατ' ἀνδρολογίαν κατασκευάσματα εἰς ἀργυρίου δραχμὰς

---

[1] Einer Mitteilung meines Freundes B. Bess in Göttingen verdanke ich die Notiz, dass LIGHTFOOT 694 f. folgende Stellen für Σεβαστή notiert: aus Ägypten CIG 4715 und *Add.* 5866 c (beide aus der Zeit des Augustus), 4957 (Galba); aus Ephesus eine Inschrift von 104 n. Chr.; aus Traianopolis LEBAS u. WADDINGTON 1676 (130 n. Chr.). Die Untersuchungen von USENER stehen *Bulletino dell' Instit. di Corr. Archeol.* 1874, 73 ff.

[2] Ich hoffe seiner Zeit eine Untersuchung des Gebrauches von ὁ κύριος und ὁ κύριος ἡμῶν in der Kaiserzeit zur Bezeichnung von Göttern und Kaisern geben zu können.

[3] Vergl. Bibelstudien 139 ff.

[4] So schreibt der Papyrus; welche σίφωνες gemeint sind, ist mir nicht klar.

δισχιλίας ἀπέστειλεν εἰς Ἱεροσόλυμα προσαγαγεῖν περὶ ἁμαρτίας ϑυσίαν. GRIMM[1] übersetzt die ersten Worte *als er zufolge einer Collecte sich Geldmittel beigeschafft hatte* und erklärt: »ἀνδρολογία nach Analogie von ξενολογία Anwerbung, Zusammenbringung von Soldaten für den Kriegsdienst, kann hier nichts Anderes seyn als *collectio viritim facta;* vgl. das in der Profangräcität auch nicht vorkommende λογία für συλλογή. Da Codd. 44. 71 κατ' ἄνδρα λογίαν (74: κατ' ἀνδραλογίαν) bieten, Codd. 52. 55. 74. 106. 243 aber κατασκευάσμ. weglassen, so könnte man sich versucht fühlen, Jenes für die ursprüngliche LA., Dieses für eine Glosse von λογίαν zu halten, wenn nicht κατασκευάσμ. selber zu ungewöhnlich wäre und als Glosse das gewöhnlichere συλλογή näher gelegen hätte.« Ich verstehe nicht, wie GRIMM hier ἀνδρολογία[2] in Analogie setzen kann zu ξενολογία; denn gerade aus dieser Analogie geht hervor, dass ἀνδρολογία *Werbung von Männern* heisst. Ebenso entschieden muss bezweifelt werden, dass das Wort *Sammlung bei jedem einzelnen Manne* bedeuten kann. Da aber diese Bedeutung in unserem Zusammenhange notwendig ist, kommt die Lesart κατ' ἄνδρα λογίαν (schreibe λογείαν[3]) doch wohl ernsthaft inbetracht; κατασκευάσματα kann dabei ruhig stehen bleiben: *nachdem er bei jedem Einzelnen kollektiert hatte, sandte er Geldmittel im Betrage von etwa 2000 Silberdrachmen*[4] *nach Jerusalem.*[5]

νεόφυτος.

LXX Ps. 127 [hebr. 128]s, 143 [144]12, Jes. 5⁊, Job 14s im eigentlichen Sinne; 1 Tim. 3₆ *Neuling.* CREMER[6] 987:

---

[1] HApAT IV (1857) 183 f.

[2] Die Ausgabe von VAN Ess schreibt ebenso wie WAHL, *Clavis librorum V. T. Apocryphorum* 44 ἀνδραλογία. Das ist bei WAHL ein Druckfehler, wie bald darauf ἀνδραφονέω (vergl. die alphabetische Folge). Ob ἀνδραλογία möglich ist, weiss ich nicht.

[3] Bibelstudien 141.

[4] Konstruktion wie z. B. εἰς ἑξήκοντα ταλάντων λόγος *eine Summe von ungefähr 60 Talenten.*

[5] SWETE schreibt ποιησάμενός τε κατ' ἀνδρολογεῖον εἰς ἀργυρίου δραχμὰς δισχιλίας.... Was κατ' ἀνδρολογεῖον bedeuten soll, ist mir unklar.

»frisch aufgewachsen; nur noch in der bibl. u. kirchl. Gräc. (nach Poll. auch von Aristoph. gebraucht)«; *Clavis*[8] 295 citiert ausser den biblischen Stellen nur »*script. eccles.*« Schon des Pollux Hinweis auf Aristophanes hätte vor einer Isolierung des Wortes warnen sollen, die auch ausserdem durch die Bildung und Bedeutung nicht im geringsten empfohlen wird. *νεόφυτος* steht BU 563 I 9. 14 u. 16, II 6. 12 (Faijûm, 2. Jahrh. n. Chr.)[1] von neugepflanzten Palmbäumen (vergl. LXX Ps. 127 [128] 3 *νεόφυτα ἐλαιῶν*), ebenso BU 565 11 und 566 8 (Fragmente derselben Urkunde wie 563).

ὀφειλή.

Clavis[8] 326: »*Neque in graeco V. T. cod., neque ap. profanos offenditur.*« Diese negative Bestimmung war jedenfalls vorsichtiger, als die positive bei CREMER[6] 737: »nur in der neutestamentl. Gräc.« Beide erledigen sich durch die Papyri.[2] In der Bedeutung *Schuld* (im eigentlichen Sinne wie Matth. 18 ss) steht das Wort in den Formeln BU 112 11 (ca. 60 n. Chr.) *καθαρά ἀπό τε ὀφιλῆς* nic *καὶ ὑ[π]οθήκης καὶ παντὸς διεγγυήματος*, 184 16 (72 n. Chr.) [*καθ*]*αρὸν ἀπὸ* [*ὀ*]*φειλ(ῆς)* [*καὶ*] *ὑποθήκ*[*ης καὶ παντὸς*] *δ*[*ι*]*εγγυ*[*ήμ*(*ατος*)] nic, 536 6 f. (Zeit des Domitian) *καθ*[*αρ*]*ὰ ἀπό τε ὀφειλ(ῆς)* [*καὶ ὑπο*]*θήκης καὶ παντὸς διεγγ*(*υήματος*), PER CCXX 10 (1. Jahrh. n. Chr.[3]) *καθαρὸν ἀπ' ὀφειλῆς* [*πά*]*ση*(*ς*) *καὶ παντὸς διεγγυήματος* nic, ferner BU 624 19 (Zeit des Diokletian) *ἱερᾶς μὴ ἀμέλει ὀφιλῆ*[*ς*] nic.[4] Alle citierten Papyri sind aus dem Faijûm.

ἀπὸ πέρυσι.

»Viele dieser Compositionen [der Verbindung von Präpositionen mit Adverbien des Ortes und der Zeit] lassen sich nur

---
[1] »Frühestens aus der Zeit des Hadrian« (WILCKEN zu diesem Papyrus).
[2] Nachträglich sehe ich im PAPE, dass das *Etymologicum Magnum* das Wort schon aus Xenophon citiert!! Das hätten die neutestamentlichen Lexikographen wahrhaftig notieren können. Die Notiz des *Et. M.* über ὀφειλή lautet: ... *σπανίως δὲ εὕρηται ἐν χρήσει· εὑρίσκεται δὲ παρὰ Ξενοφῶντι ἐν τοῖς Περὶ Πόρων.*
[3] S. 296 wird dieser Papyrus ins 2. Jahrhundert versetzt.
[4] Der Sinn ist mir nicht ganz klar; vielleicht ist die *heilige Schuld* eine Schuld an die Tempelkasse.

in Schriftstellern nach Alexander, zum Theil nur in Scholiasten, auffinden....., einige, wie *ἀπὸ πέρυσι* (wofür *προπέρυσι* oder *ἐκπέρυσι*), sind nicht einmal da anzutreffen«.[1] Wir treffen *ἀπὸ πέρυσι* (2 Cor. 8 10, 9 2) indessen in dem Papyrusbriefe BU 531 II 1 (Faijûm, 2. Jahrh. n. Chr.) an.

προσευχή.

1. Nach CREMER[8] 420 scheint das Wort »in der Prof.-Gräc. gar nicht vorzukommen ... u. somit ein Wort hellenistischer Bildung zu sein, anschliessend an die mit dem Gebr. von *προσεύχεσθαι* vorgegangene Wandlung u. zugleich ein charakteristisches Zeichen des Unterschiedes Jsraels von der Völkerwelt.« Gegen diese Isolierung spricht die Thatsache, dass *προσευχή Gebetsstätte*[2] auch im heidnischen Cultus vorkommt.[8]

2. Die seither bekannt gewordenen und verwerteten Belege für *προσευχή* von einer jüdischen Gebetsstätte[4] werden an Alter wohl sämtlich von einer unterägyptischen Inschrift übertroffen, die wahrscheinlich aus dem 3. Jahrh. v. Chr. stammt, CIL III *Suppl.* 6583 (Original im Berliner Ägyptischen Museum): »*Βασιλίσσης καὶ βασιλέως προσταξάντων ἀντὶ τῆς προανακειμένης περὶ τῆς ἀναθέσεως τῆς προσευχῆς πλακὸς ἡ ὑπογεγραμμένη ἐπιγραφήτω· Βασιλεὺς Πτολεμαῖος Εὐεργέτης τὴν προσευχὴν ἄσυλον.* Regina et rex iusserunt.« »Wie MOMMSEN erkannt hat, sind die Königin und der König, die die Synagogeninschrift erneuern lassen, Zenobia und Vaballath [ca. 270 n. Chr.]. Ob der Stifter Euergetes I oder II ist,

---

[1] WINER-LÜNEMANN S. 394.

[2] Im Sinne von *Gebet* ist mir das Wort im heidnischen Sprachgebrauche bis jetzt nicht bekannt. Aber zur Beantwortung der Frage nach seiner »Bildung« genügt ein Nachweis seines Vorkommens ausserhalb der Bibel. Dass der heidnische Gebrauch etwa auf jüdischen Einfluss zurückzuführen sei, ist unwahrscheinlich.

[3] Nachweise bei SCHÜRER, Geschichte des jüdischen Volkes im Zeitalter Jesu Christi II (1886) 370.

[4] Nachweise ebenda und bei THAYER *s. v.* Letzterer citiert noch Cleomedes 71, 16.

lässt er offen«.[1] WILCKEN entscheidet sich für Euergetes I. († 222 v. Chr.) gegen WILLRICH, der für Euergetes II. († 117 v. Chr.) stimmt. Die Gründe des ersteren haben mir eingeleuchtet; näher darauf einzugehen, würde hier zu weit führen. Aber es sei noch gestattet, die interessante Schlussbemerkung von WILCKEN zu der Inschrift (Sp. 1494) wiederzugeben: »Es ist bisher wohl nicht beachtet worden, dass die Auslassung des ϑεός vor Εὐεργέτης ein Unicum ist, da die Gottesbezeichnung in offiziellen Akten regelmässig stehen muss. Folglich hat der König hier mit Rücksicht auf die Empfindlichkeit der Juden auf den ϑεός verzichtet.«

σουδάριον.

Weder von *Clavis*[3] noch von THAYER ausserhalb des N. T. nachgewiesen.[2] In den Faijûmer Heiratsverträgen PER XXVII 11. (190 n. Chr.) und XXI 19 (230 n. Chr.) wird das σουδάριον unter den Toilettegegenständen der Aussteuer genannt.

ὑποπόδιον.

Noch WINER-SCHMIEDEL § 3,2e (S. 23) rechnet das zuerst bei den LXX sich findende ὑποπόδιον zu den Wörtern, die möglicher Weise von den Juden selbst nach Analogie gebildet sein mögen, vielleicht aber auch schon in der Volkssprache kursierten, ohne dass wir sie bis jetzt belegen können. Ausserbiblische Belege notiert *Clavis*[3] aus Lucian und Athenaeus. Dieselben würden meines Erachtens genügen, um die Annahme einer jüdischen Provenienz des Wortes zu beseitigen. Lehrreicher noch ist sein Vorkommen in den Papyri. In den beiden Faijûmer Heiratskontrakten PER XXII 8 (Zeit des Antoninus Pius) und XXVII 11 (190 n. Chr.) wird unter den zur Aussteuer der Braut gehörenden Möbeln ein Sessel mit dazu gehörendem Fussschemel, καϑέδρα σὺν ὑποποδίῳ, genannt.

---

[1] WILCKEN, Berl. Philol. Wochenschr. XVI (1896) Sp. 1493 (Recension von WILLRICH, Juden und Griechen vor der makkab. Erhebung, Göttingen 1895).

[2] Wenn irgendwo, dann haben wir bei einer Gräcisierung wie σουδάριον mit dem Zufalle zu rechnen, wenn sie seither nur im N. T. belegt war.

3. Gemeingriechisches von angeblich »biblischer« resp. »neutestamentlicher« Specialbedeutung oder -konstruktion.

ἀντίλημψις.

Zu den älteren Stellen aus den Ptolemäerpapyri, durch die das Wort in der Bedeutung *Hilfe* verweltlicht wird[1], kommt BU 613 18 (Faijûm, wahrscheinlich Zeit des Antoninus Pius).

ἀρεσκεία.

»Selbst Begriffe, die bei den Griechen durch die ausschliesslich menschliche Beziehung ins Gemeine herabsinken, wie ἀρέσκεια«, die Schmeichelei, die es allen recht zu machen sucht, gewinnen in der Schrift durch das Vorherrschen der Beziehung auf die göttliche Norm einen tiefren Gehalt. Das Wort steht Col. I, 10 unzweifelhaft in anerkennendem Sinn, und ist diese Umwandlung hauptsächlich von dem herrschenden Gebrauch des ἀρεστός und ᾿ἄρεστος bei den LXX wie im Neuen Testament herzuleiten.« Diese Behauptung hätte G. von ZEZSCHWITZ[2] nicht aussprechen dürfen, nachdem längst durch den alten LÖSNER eine ganze Anzahl von Stellen aus Philo nachgewiesen war, wo das Wort zweifellos im guten Sinne steht, sogar von dem Verhalten gegen Gott.[3] Im guten Sinne gebraucht ἀρεσκεία auch die Inschrift bei LATYSCHEV, *Inscriptiones regni Bosporani* II 5 (Zeit?) χάριν τῆς εἰς τὴν πόλιν ἀρεσκείας.[4]

ἐπιθυμητής.

Nach CREMER[5] 456 bei den Griechen im guten Sinne; »dagegen« 1 Cor. 10 6 ἐπιθυμητὴς κακῶν, »entspr. der unter ἐπιθυμία bemerkten Entwickelung des Begriffs«. Aber im übeln Sinne steht es auch BU 531 II 22 (Faijûm, 2. Jahrh. n. Chr.) οὔτε εἰμὶ ἄδικος οὔτε ἀ[λ]λοτρίων ἐπιθυμητής.[5]

[1] Bibelstudien 87.
[2] Profangraecitaet und biblischer Sprachgeist, Leipzig 1859, 61.
[3] Diese Nachweise sind von CREMER[3] 159 mit Recht übernommen.
[4] Ich citiere nach FRÄNKEL S. 315.
[5] In dieser Verbindung haben wir ein Synonymon zu dem seither nur im christlichen Sprachgebrauche nachgewiesenen ἀλλοτριοεπίσκοπος, was namentlich durch die Zusammenstellung mit ἄδικος klar wird.

ἱλάσκομαι.

Nach CREMER⁶ 471 soll die Konstruktion des Wortes in der »biblischen« Gräcität von dem Gebrauche der Profanschriftsteller »in auffallender Weise« abweichen. Zum Beweise wird besonders das Kompositum ἐξιλάσκομαι geltend gemacht, dessen Gebrauch in der »biblischen« Gräcität gegenüber den Konstruktionen des Profangriechischen »desto bemerkenswerter u desto ernster zu werten« sei. CREMER rechnet die biblische Verbindung ἐξιλάσκεσθαι τὰς ἁμαρτίας zu den »auffallendsten im Vergleich zur Prof.-Gräc.«.[1] Sie ist indessen auch ausserhalb der Bibel anzutreffen. In den inschriftlich zweimal erhaltenen Bestimmungen des Lykiers Xanthos für das von ihm gegründete Heiligtum des kleinasiatischen Gottes Men Tyrannos CIA III 74[2] vergl. 73 (gefunden bei Sunion, nicht älter als die Kaiserzeit) kommt der eigenartige Passus vor ὃς ἂν δὲ πολυπραγμονήσῃ τὰ τοῦ θεοῦ ἢ περιεργάσηται[3], ἁμαρτίαν ὀφ(ε)ιλέτω Μηνὶ Τυράννῳ, ἣν οὐ μὴ δύνηται ἐξειλάσασθαι"ᶜ.

Höchst interessant ist hier übrigens auch ἁμαρτίαν ὀφείλω, offenbar gebraucht wie χρέος ὀφείλω, die ἁμαρτία ist gefasst als *Schuld*.

λικμάω.

Luc. 20₁₈ (vergl. eventuell Matth. 21₄₄) πᾶς ὁ πεσὼν ἐπ' ἐκεῖνον τὸν λίθον συνθλασθήσεται· ἐφ' ὃν δ'ἂν πέσῃ, λικμήσει αὐτόν wird λικμᾶν von B. WEISS[4] und H. HOLTZMANN[5] in der seither allein nachgewiesenen Bedeutung *worfeln* gefasst. Aber einmal wird so jeder Parallelismus der beiden Sätze aufgehoben, sodann jedoch ein Bild gewonnen, welches schwer denkbar ist: *jeden, auf den der Stein fällt, wird er worfeln.* Wenn man demgemäss nach inneren Gründen entscheidet, kommt man zu einer dem συνθλᾶν synonymen Bedeutung von λικμᾶν. That-

---

[1] Vergl. auch BLASS, Gr. S. 88 Anm. 1: »'Ιλάσκεσθαι ἁμαρτίας H 2₁₁ fällt durch das Objekt auf, indem klass. (ἐξ)ιλάσκ. θεόν „sich gnädig stimmen". Aehnl. indes (= *expiare*) auch LXX Philon.«
[2] DITTENBERGER, *Sylloge* No. 379. Vergl. oben S. 44 zu καθαρίζω.
[3] Vergl. 2 Thess. 3₁₁.
[4] MEYER I 1⁶ (1890) 363.
[5] HC I² (1892) 239 f.

sächlich hat schon die Vulgata das Wort so verstanden: Matth. 21,44 *conteret*, Luc. 20,18 *comminuet*; so auch Luther und die meisten: *er wird zermalmen*. *Clavis*⁸ 263 adoptiert diese Fassung mit der Notiz »*usu a profanis alieno*«. Wir haben hier wohl einen der Fälle, wo es völlig unerfindlich ist, weshalb gerade bei diesem Worte die »biblische« Gräcität eine Bedeutungsverschiebung sollte vorgenommen haben. Wenn $λικμάω$ *zermalmen* möglich ist, dann ist es nur ein Zufall, dass das Wort ausserhalb der Bibel so noch nicht belegt ist. Ein Papyrus scheint mir indessen diesem Mangel abzuhelfen. In dem Fragmente eines Strafantrags BU 146 5 ff. (Faijûm, 2./3. Jahrh. n. Chr.) berichtet der Antragsteller: ἐπῆλθαν Ἀγαθοκλῆς καὶ δοῦλος Σαραπίωνος Ὀννώφρεως κ[αὶ ἄ]λλος ξένο[ς] ἐργά[της αὐ]τοῦ τῇ ἀλωνίᾳ μου καὶ ἐλίκμησάν μου τὸ λάχανον¹ καὶ οὐχ [ὁ]λ[ί]γην ζη[μ]είαν ⁿᵉ μοι ἐζημιωσάμην. Völlig klar ist mir die Unthat der drei Halunken nicht, aber sicher ist doch wohl, dass sie das λάχανον nicht *geworfelt* haben; sie werden es *zertreten*, *zerstampft* oder sonstwie *ruiniert*² haben. Wir würden etwa zu der allgemeineren Bedeutung *verderben* zu greifen haben, mit der man übrigens auch an den neutestamentlichen Stellen recht wohl auskommt. Dass *worfeln* zu dieser Bedeutung gelangen kann, ist begreiflich; Mittelglied wäre etwa *zerstreuen*, was *Clavis*⁸ LXX Jer. 31 [38]10 und anderwärts statuiert: der mit Spreu vermischte Getreidehaufe wird durch das Worfeln in seine Bestandteile aufgelöst, zerstreut. Jedenfalls ist diese Vermutung begründeter, als die von CARR³ ausgesprochene, die Bedeutungen *worfeln* und *zermalmen* seien in Ägypten deshalb associiert, weil hier vor dem Worfeln ein Dreschwagen über das Getreide gezogen worden sei, der das Stroh zermalmt habe (!).

λούω.

CREMER⁸ 623: »Während in der Prof.-Gräc. für religiöse Waschungen νίζειν resp. νίπτειν gebräuchlich war — ......, ist bei den LXX λούειν das dem hebr. רחץ entspr. Wort für

---
¹ Über das erste α ist im Original ein zweites α gesetzt.
² Vergl. Judith 2,27 τὰ πεδία ἐξελίκμησε.
³ Citiert bei KENNEDY, *Sources of N. T. Greek* 126 f.

die theokrat. Waschungen behufs Entsündigung«. Unberechtigte Gegenüberstellung des »profanen« und des »biblischen« Griechisch, die CREMER selbst nicht aufrecht erhalten kann; denn er muss gleich darauf zugestehen: »Ganz ungebräuchl. für relig. Waschungen scheint freilich das Wort in der Prof.-Gräc. nicht gewesen zu sein; Plut. Probl. Rom. 264, D: λούσασθαι πρὸ τῆς θυσίας. Soph. Ant. 1186: τὸν μὲν λούσαντες ἁγνὸν λουτρόν«. Statt »nicht ganz ungebräuchlich« darf man, da jene Gegenüberstellung nicht verteidigt zu werden braucht, ruhig »gebräuchlich« sagen. Mir sind bis jetzt noch drei »profane« Stellen bekannt geworden; die beiden ersten sind auch grammatisch interessant wegen der Konstruktion des Wortes mit ἀπό (Act. Ap. 16 ss). Perg. 255, eine auf die gottesdienstlichen Ordnungen des Athenatempels zu Pergamon bezügliche Inschrift aus frührömischer Zeit, bestimmt Zeile 4 π., dass das Heiligtum betreten dürfen nur οἱ .. ἀπὸ μὲν τῆς ἰδίας γ[υναι]κὸς καὶ τοῦ ἰδίου ἀνδρὸς αὐθημερόν, ἀπὸ δὲ ἀλλοτρίας κ[αὶ] ἀλλοτρίου δευτεραῖοι λουσάμενοι, ὡσαύτως δὲ καὶ ἀπὸ κήδους κ[α]ὶ τεκούσης γυναικὸς δευτεραῖο(ι). FRÄNKEL S. 188 bemerkt dazu: »Dass der Beischlaf, die Berührung von Toten und Gebärenden vor dem Verkehr mit den Göttern eine religiöse Reinigung nötig macht, ist bekannt«. Ich entnehme seiner Angabe S. 189 die beiden anderen Stellen. In den Bestimmungen des Lykiers Xanthos für das von ihm in Athen gegründete Heiligtum des Men Tyrannos CIA III 73 (gefunden bei Sunion, nicht älter als die Kaiserzeit) kommt ganz ähnlich vor ἀπὸ δὲ γυναικὸς λουσάμενο[ν?]. Endlich enthält der Stein aus Julis bei RÖHL, Inscr. antiqu. 395 (= DITTENBERGER, Sylloge 468) die Bestimmung, dass die durch Berührung eines Toten Verunreinigten λουσαμένους περὶ πάντα τὸν χρῶτα ὕδατος χύσι rein seien.

πάροικος.

Nach CREMER[6] 695 hat es den Anschein, als ob die »profane« und die »biblische« Gräcität sich in dem Gebrauche des Wortes von einander entfernten, speciell als sei πάροικος im Sinne von *Beisasse* der ersteren fremd, die dafür μέτοικος gebrauche. Schon *Clavis*[8] 341 weist dagegen Philo, *De cherub.*

§ 34 (p. 160 f. M.) nach, wo πάροικος mehrfach im Gegensatz zu πολίτης steht. Wenn Philo als profaner Autor im strengen Sinn nicht gelten sollte, stehen die Inschriften zugebote. IMAe 1033₉ (Karpathos, 2. Jahrh. v. Chr.?) wird die Bevölkerung in πολῖται und πάροικοι geschieden; deutlicher noch ist Perg. 249₁₉.₂₀.₂₄ (133 v. Chr.), wozu FRÄNKEL S. 173 bemerkt: »Wir lernen als politische Classen der Bevölkerung kennen: 1. Bürger (πολῖται), 2. Beisassen (πάροικοι), 3. verschiedene Kategorien von Soldaten (στρατιῶται..), 4. Freigelassene (ἐξελεύθεροι), 5. Sklaven,...... Da die Nachkommen der freigelassenen Sklaven durch Z. 20 f. des gegenwärtigen Erlasses erst zu Beisassen gemacht werden, so ist klar, dass die ἐξελεύθεροι nicht von selbst in den Paroikenstand übergingen, sondern erst noch eine Zwischenstufe bildeten. Ebenso war es in Keos nach der Inschrift bei DITTENBERGER, *Sylloge* 348₁₀ und in Ephesos zur Zeit des mithridatischen Krieges nach LEBAS, *Asie* 136a (DITTENBERGER, *Sylloge* 253) Z. 43 ff. wo auch wie in unserer Urkunde die δημόσιοι [= die öffentlichen Sklaven] gleich in die Classe der πάροικοι, nicht erst der ἐξελεύθεροι erhöht werden«.[1]

4. Technische Ausdrücke.

ἀθέτησις (und εἰς ἀθέτησιν).

*Clavis*³ 9: »*raro apud profanos inferioris aetatis, ut Cic. ad Att. 6,9. Diog. Laert. 3.39,66, ap. grammat. improbatio; saepius ap. ecclesiasticos scriptores*«. Lehrreich für das Vorkommen des Wortes gerade in der Hebräerepistel (7₁₈, 9₂₆) ist sein Gebrauch in Papyri aus dem Faijûm: BU 44₁₆ (102 n. Chr.) verbunden mit ἀκύρωσις mit Bezug auf eine Urkunde, genau so auch 196₂₁ f. (109 n. Chr.), 281 ₁₈ f. (Zeit des Trajan) und 394₁₄ f. (137 n. Chr.). An allen diesen Stellen ist ἀθέτησις im juristisch-technischen Sinne gebraucht, und zwar in der Formel εἰς ἀθέτησιν καὶ ἀκύρωσιν. Damit vergleiche man εἰς ἀθέτησιν Hebr. 9₂₆ und den Gebrauch der

---

[1] Ich teile diesen Exkurs mit, weil er weiteres inschriftl. Material bietet. Auch KENNEDY, *Sources of N. T. Greek* 102 verweist auf die Inschriften (CIG 3595 »etc.«).

entgegengesetzten Formel εἰς βεβαίωσιν LXX Lev. 25₂₃, Hebr. 6₁₆ und in den Papyri.[1] Die Formel hat sich noch lange erhalten; wir finden εἰς ἀθέτησιν καὶ ἀκύρωσιν noch PER XIV 17 f. (Faijûm, 166 n. Chr.) und IX₁₀ (Hermopolis, 271 n. Chr.).

ἀναπέμπω.

Die von *Clavis*[a] 27 und THAYER 41 gegebenen Belege für die Bedeutung *ad personam dignitate, auctoritate, potestate superiorem sursum mitto* (Luc. 23₇, Act. Ap. 25₂₁) aus Philo, Josephus und Plutarch können durch Faijûmer Papyri sehr vermehrt werden: BU 19 I₂₀ (135 n. Chr.), 5 II₁₉ f. (138 n. Chr.), 613₄ (Zeit des Antoninus Pius?), 15 I₁₇ (194 n. Chr.), 168₁₅ (2./3. Jahrh. n. Chr.).

ἀπέχω.

Zu dem Gebrauche Matth. 6₂. ₅. ₁₆, Luc. 6₂₄, Phil. 4₁₈ *ich habe empfangen* ist das ständige Vorkommen des Wortes in Quittungen der Papyri beachtenswert; zwei wegen ihrer zeitlichen Nähe zu obigen Stellen lehrreiche Fälle sind z. B. BU 584 ₆ f. (Faijûm, 29. December 44 n. Chr.) καὶ ἀπέχω τὴν συνκεχωρημένην τιμὴν πᾶσαν ἐκ πλήρους und 612 ₂ f. (Faijûm, 6. September 57 n. Chr.) ἀπέχω παρ' ὑμῶν τὸν φόρον τοῦ ἐλα[ι]ουργίου, ὧν ἔχετέ [μο]υ ἐν μισθώσει. Das *sie haben ihren Lohn dahin* der Bergpredigt gewinnt, von hier aus verstanden, die schärfere, ironisch pointierte Bedeutung *sie können über den Empfang ihres Lohnes quittieren:* ihr Recht auf Empfang des Lohnes ist verwirkt, als hätten sie bereits eine Quittung darüber ausgestellt. *Quittung* heisst ja geradezu ἀποχή, und in byzantinischer Zeit kommt auch μισθαποχή[2] vor.

βεβαίωσις.

Die Verbindung der Begriffe βεβαιοῦν resp. βεβαίωσις mit ἀρραβών[3] findet sich auch BU 446 [= 80] ₁₈ (Zeit des Marc Aurel); leider ist der Satz verstümmelt.

---
[1] Bibelstudien 101 ff.
[2] WESSELY, *Corpus Papyrorum Raineri* I 1, 151; ein Beleg ist dort nicht gegeben. Das Wort dürfte *Pacht*- resp. *Mietquittung* bedeuten, nicht *Pachturkunde*, wie WESSELY annimmt.
[3] Bibelstudien 104.

διακούω.

In der technischen Bedeutung *verhören* (Act. Ap. 23,35, vergl. LXX Deut. 1,16, Dio Cass. 36, 53 [36]) auch BU 168,23 (Faijûm, 2./3. Jahrh. n. Chr.).

τὸ ἐπιβάλλον μέρος.

Zu Luc. 15,12 öfter nachgewiesen; technische Formel, die auch in den Papyri gebraucht wird: BU 234,13.8 (Faijûm, 121 n. Chr.) τὸ καὶ αὐτῷ ἐπιβάλλον μέρος, 419,51. (276/277 n. Chr.) τὸ ἐπιβάλλον μοι μέρος des väterlichen Erbes, ähnlich 614,17 f. (Faijûm, 216 n. Chr.) τὴν ἐπιβάλλουσαν αὐτῇ τῶν πατρῴω[ν] μερίδα.

ἐπίσκοπος.

Als Amtsbezeichnung weist CREMER[8] 889 im Anschluss an PAPE das Wort ausserhalb des N. T. nur in einem Falle nach: »In Athen hiessen so besonders die in die unterworfenen Städte geschickten Männer, welche die Angelegenheiten derselben leiteten«. Als kommunale Beamte kommen jedoch ἐπίσκοποι in Rhodos vor; so wird ein Kollegium von fünf ἐπίσκοποι IMAe 49,43 a. (2./1. Jahrh. v. Chr.) genannt, drei ἐπίσκοποι sind 50,34 a. (1. Jahrh. v. Chr.) aufgezählt. Über ihre Funktionen ergeben die beiden Inschriften nichts, die ἐπίσκοποι stehen in der ersten neben folgenden Beamten: [πρυτανεῖς (?)], γραμματεὺς βουλᾶς, ὑπογραμματεὺς [β]ου[λᾶ]ι καὶ π[ρ]υτανεῦσ[ι], στραταγοί, [ἐπὶ] τὰν χώραν, [ἐπὶ] τὸ πέραν, γραμματεύς, [ταμίαι], γραμματεύς, ἐπίσκοποι, γραμματεύς, ἐπιμεληταὶ τῶν ξέ[νων], γραμματεύς, ἁγεμὼν ἐπὶ Καύνο[υ], ἁγεμὼν ἐπὶ Καρίας, ἁγεμὼν ἐπὶ Λυκίας. In der zweiten ist die Reihenfolge diese: [πρυτανεῖς(?)], [στρα]ταγοί, ταμίαι, ἐπίσκοποι, ὑπογραμματεὺς βουλᾶι καὶ [πρυτανεῦσι(?)]. Wichtiger dürfte indessen die Thatsache sein, dass ebenfalls in Rhodos ἐπίσκοπος technischer Ausdruck auch für den Träger eines *sakralen* Amtes gewesen ist. Die vorchristliche Inschrift IMAe 731 zählt folgende Beamte des Apollotempels auf: drei ἐπιστάται, einen γραμματεὺς ἱεροφυλάκων, einen ἐπίσκοπος[1] Zeile 8, sechs ἱερο[π]οιοί, einen [ταμί]ας,

---

[1] Deutlich zu lesen ist επισκοπο, danach entweder ein ς oder das Fragment eines anderen Buchstabens. In der Umschrift schreibt der

einen ὑπο[γραμματε]ὺς ἱερ[οῦ]υλάκων. Über die Funktionen dieses ἐπίσκοπος muss ich mich jeglicher Vermutung enthalten. Der blosse Umstand, dass das Wort bereits in den vorchristlichen sakral-technischen Sprachgebrauch aufgenommen ist, ist wichtig genug.

θεολόγος.

Wegen der Bezeichnung des Apokalyptikers Johannes als des θεολόγος in mehreren Handschriften[1] ist das Wort in die *Clavis* aufgenommen. Wertvolles Material für den kleinasiatischen Sprachgebrauch hat FRÄNKEL S. 264 f. zu Perg. 374 A so (Weihung der pergamenischen Genossenschaft der ὑμνῳδοὶ θεοῦ Σεβαστοῦ καὶ θεᾶς Ῥώμης, Zeit des Hadrian) zusammengestellt; ich lasse seine Angaben hier folgen, die Citate konnten von mir nicht verglichen werden: »Die Würde eines θεολόγος (Z. so) ist auch sonst für Pergamon bezeugt, und zwar wird sie als eine dauernde verliehen worden sein, da ein und derselbe Mann, Ti. Claudius Alexandros sie unter Caracalla und unter Elagabal bekleidete (s. unten zu No. 525 Z. s). Als eponymer Magistrat begegnet in Pergamon ein weiterer Theologe Glykon auf einer Münze mit dem Bilde des Herennius Etruscus (MIONNET Suppl. V p. 472 Nr. 1160). Auffallend ist, dass P. Aelius Pompeianus, μελοποιὸς καὶ ῥαψῳδὸς θεοῦ Ἁδριανοῦ, der unter Antoninus Pius nach einer Inschrift von Nysa (*Bullet. de corr. hellén.* 9, 125 f. Z. 4 und 6s) θεολόγος ναῶν τῶν ἐν Περγάμῳ war, als Bürger von Side, Tarsos und Rhodos, nicht aber von Pergamon bezeichnet wird. Kein Zufall kann es sein, dass wir den Titel θεολόγος in denselben gleich Pergamon mit der Neokorie bekleideten beiden kleinasiatischen Städten finden, für die wir auch die Kaiserhymnodie nachweisen konnten: für Smyrna sind Theologen bezeugt durch die oben zu No. 269

Herausgeber ἐπίσκοποι. Da aber nur ein einziger Name folgt, dürfte es richtiger sein, ἐπίσκοπο[ς] zu lesen. So schreibt denn auch der Index S. 235, der manche stillschweigende Verbesserung enthält.

[1] PER XXX, f. (Faijûm, 6. Jahrh. n. Chr.) liest WESSELY του αγιου Ιωαννου του ευλογου και ευαγγελιστου und übersetzt *des heiligen Johannes, Apostels und Evangelisten*. Ist nicht θεολόγου zu lesen?

(S. 205 Schluss) ausgeschriebene Stelle aus C. I. Gr. 3148 [Zeile 24 ff.: ὅσα ἐνετύχομεν παρὰ τοῦ κυρίου Καίσαρος Ἀδριανοῦ διὰ Ἀντωνίου Πολέμωνος· δεύτερον δόγμα συγκλήτου, καθ' ὅ δὶς νεωκόροι γεγόναμεν, ἀγῶνα ἱερόν, ἀτέλειαν, θεολόγους, ὑμνῳδούς] und durch C. I. Gr. 3348, wo wie in unserer Inschrift dieselbe Person ὑμνῳδὸς καὶ θεολόγος ist; für Ephesos durch *Greek inscr. in the Brit. Mus.* III 2 No. 481 Z. 1911.: ὁμοίως καὶ τοῖς θεολόγοις καὶ ὑμνῳδοῖς, wo man nach dem nur einmal gesetzten Artikel ebenfalls Theologen verstehen muss, die zugleich Hymnoden waren. In Heraklea am Pontos giebt es einen Theologen für die Mysterien: C. I. Gr. 3803 ὑπατικὸν καὶ θεολόγον τῶν τῇδε μυστηρίων, und auch in Smyrna sind die weiblichen Theologen, αἱ θεολόγοι, die wir dort neben den männlichen finden, mit den Mysterien der Demeter Thesmophoros befasst: C. I. Gr. 3199. 3200c.

πλῆθος.

Mit beigefügtem Genetiv eines Völkernamens bedeutet das Wort oft nicht einfach *Menge*, sondern *Volk* im offiziellen politischen Sinne. So steht τὸ πλῆθος τῶν Ἰουδαίων 1 Macc. 8 20, 2 Macc. 11 16 (wie 24 ὁ δῆμος τῶν Ἰουδαίων), Ep. Arist. p. 67 18 (Schm.) und wohl auch Act. Ap. 25 24. Die Inschriften geben für diesen Gebrauch weiteres Material: IMAe 85 4 (Rhodos, 3. Jahrh. v. Chr.) τὸ πλῆθος τὸ Ῥοδίων, ebenso 90 7 (Rhodos, 1. Jahrh. v. Chr.); ferner 846 10 τὸ πλῆθος τὸ Λινδίων (Rhodos, Zeit?), ebenso 847 14 (Rhodos, 1. Jahrh. v. Chr.) und in vielen anderen rhodischen Inschriften.

Auch im Sprachgebrauche der religiösen Genossenschaften hat das Wort eine technische Bedeutung; es bezeichnet die Gesamtheit der Genossen, die *Gemeinde* IMAe 155 6 (Rhodos, 2. Jahrh. v. Chr.) τ[ὸ] πλῆθος τὸ Ἁλιαδᾶν καὶ [Ἁλια]στᾶν, ebenso 156 5.[1] Vergl. damit Luc. 1 10, 19 27, Act. Ap. 2 6, besonders aber 15 30, wo die antiochenische Christen*gemeinde* τὸ πλῆθος genannt wird. So wird τὸ πλῆθος auch 4 32 nicht

---

[1] Der Herausgeber bemerkt dazu im Index S. 238: »πλῆθος i. q. κοινόν«.

Menge, Masse zu erklären sein, sondern *Gemeinde*, ebenso 6₂.₅, 15₁₂, 19₉, 21₂₂.

<u>πρᾶγμα ἔχω πρός τινα.</u>

Im forensischen Sinne *Rechtssache* steht πρᾶγμα in den Papyri sehr oft; ich citiere nur BU 22₉ₜ. (Faijûm, 114 n. Chr.) ἁπλῶς μηδὲν ἔχουσα πρᾶγμα πρὸς ἐμέ wegen 1 Cor. 6₁ τίς ὑμῶν πρᾶγμα ἔχων πρὸς τὸν ἕτερον.

<u>πρεσβύτερος.</u>

Bibelstudien 153 f. habe ich den Nachweis versucht, einmal dass πρεσβύτερος bis tief in die Kaiserzeit hinein in Ägypten technischer Ausdruck für den Träger eines bürgerlichen Gemeindeamtes gewesen ist, — ein Sprachgebrauch, von dem die LXX nicht unbeeinflusst blieben, sodann, dass ein ähnlicher kleinasiatischer Gebrauch konstatiert werden kann. Instruktiv für die Verwendung des Wortes im *sakralen* Sinne bei den katholischen Christen, die man sich durch die Linie π ρ ε σ β ύ - τ ε ρ ο ς — *presbyter* — *Priester* deutlich machen kann, ist nun die Thatsache, dass πρεσβύτεροι als Amtsbezeichnung auch für heidnische *Priester* in Ägypten nachzuweisen ist. Zur Begründung mögen zunächst einige Sätze von F. KREBS[1] hier folgen. »Die Organisation der Priesterschaft in den einzelnen Tempeln war in römischer Zeit noch dieselbe, wie sie in ptolemäischer Zeit nach dem Zeugniss des Decrets von Kanopus gewesen war. Wie damals, ist die Priesterschaft zunächst ihrer Abstammung nach in 5 φυλαί getheilt« (S. 34).... »In ptolemäischer Zeit leitete die Geschäfte der gesammten ägyptischen Priesterschaft ein jährlich wechselndes Collegium von 25 Buleuten (πρεσβύτεροι[2] oder βουλευταί). In unserem kleinen

---

[1] Ägyptische Priester unter römischer Herrschaft, Zeitschr. für ägypt. Sprache und Alterthumskunde XXXI (1893) 31 ff. — S. 34 wird verwiesen auf WILCKEN, Kaiserl. Tempelverwaltung in Ägypten, Hermes XXIII 592 und Arsinoitische Tempelrechnungen Hermes XX 430.

[2] Eine Stelle aus der Ptolemäerzeit für πρεσβύτεροι in diesem Sinne wird von KREBS hier nicht citiert. CIG 4717₉ f. (Theben in Unterägypten, zwischen 45 u. 37 v. Chr.) heisst es: [ἔδο]ξε τοῖς ἀπὸ Διοσπόλεως τῆ[ς με-

Provincialtempel[1] finden wir .. an seiner Stelle ein — gleichfalls jährlich wechselndes — Collegium von „fünf Ältesten der fünf Phylen des Gottes Soknopaios für das gegenwärtige 23. Jahr" (des Antoninus Pius = 159/160 n. Chr.). Dies Collegium erstattet an die vorgesetzte römische Behörde den von ihm geforderten Bericht in einem Disciplinarverfahren gegen einen Priester des Tempels« (S. 35). Auf folgenden Papyri aus dem Faijûm sind mir diese ägyptischen πρεσβύτεροι begegnet: BU 16 s a. (159/160 n. Chr., die von Krebs citierte Stelle) τῶν ε΄ πρεσβυτέρων ἱερέων πενταφυλίας θεοῦ Σοκνο[π]αίου; 347 I s ſ. (171 n. Chr.) Σαταβοῦτος π[ρεσ]βυτέρο[υ ἱερέω]ς[2]; 387 I 1 ſ. (zwischen 177 und 181 n. Chr., sehr verstümmelt) ist jedenfalls auch von den 5 πρεσβύτεροι ἱερεῖς des Soknopaios die Rede; 433 s ſ. (ca. 190 n. Chr.) τῶν γ΄ [πρεσβ]υτέρων ἱε[ρ]έων [π]ρώτης φυλῆς, ebenda Zeile 9 ſ. τῶν ε΄ πρεσβυτέρω[ν ἱερέων πενταφυλ]ίας Σοκνοπ[αίου θε]οῦ; 392 s ſ. (207/208 n. Chr.) καὶ διὰ τῶν ἱερέων πρεσβυτέρων (folgen die z. T. verstümmelten Namen) τῶν δ΄. Wie es namentlich mit den kollegialen[3] Verhältnissen dieser πρεσβύτεροι ἱερεῖς aussah, ist mir nicht deutlich geworden; aber so viel ist sicher, dass πρεσβύτεροι hier im heidnischen Sprachgebrauche der Kaiserzeit, der nach Krebs bis in die Ptolemäerzeit zurückgeht, im sakral-technischen Sinne vorkommt.[4]

Die Papyrusstellen sind um so wichtiger, als sonstige Fälle dieses Gebrauches aus dem Heidentum seither meines Wissens nicht bekannt geworden sind. Ich meine gesicherte Fälle. Zwar werden die Bibelstudien 154 f. erwähnten πρεσβύτεροι der kleinasiatischen Städte und Inseln, wie ich mich inzwischen habe belehren lassen, von manchen Forschern für eine Körper-

γάλης ἱ]ερεῦσι το[ῦ μεγίστου θεοῦ Ἀμο]νρασωνθὴρ καὶ τοῖς πρεσβυτέροις καὶ τοῖς ἄλλοις πᾶσι. Da gehören die πρεσβύτεροι offenbar zur Priesterschaft.

[1] Gemeint ist der Soknopaiostempel des Faijûm in der Kaiserzeit.
[2] Vergl. die verbesserte Lesung Nachtrag S. 397.
[3] Immer scheinen sie ein Kollegium (von 3, 4 oder 5 Personen) gebildet zu haben.
[4] Nach Krebs S. 35 käme in der Ptolemäerzeit sogar πρεσβύτεροι ohne Hinzufügung von ἱερεῖς so vor [wie oben CIG 4717 2 f.].

schaft gehalten, deren Kompetenz in den sakralen Dingen lag, aber von anderen wird diese Annahme auch bekämpft [1]; wäre sie bewiesen, dann hätten wir hier gewiss eine doppelt wertvolle Analogie zu den urchristlichen πρεσβύτεροι. Aber immerhin wäre das Wort an den kleinasiatischen Stellen mehr in der ursprünglichen Bedeutung gebraucht und nicht in dem spezielleren Sinne, der schliesslich auf den Begriff *Priester* hinauskommt. In diesem Sinne — oder besser mit der Tendenz zu diesem Sinne steht es in den Papyri. Ich sage nicht, dass es hier *Priester* **bedeutet**; das ist schon durch das folgende ίερεύς ausgeschlossen. Worauf es sprachgeschichtlich ankommt, ist der Umstand, dass das Wort zur Auszeichnung gerade von Priestern gebraucht worden ist. Die in ihren Folgen so überaus bedeutsame Verwandlung der altchristlichen *Ältesten* in die katholischen *Priester* [2] war natürlich erleichtert, wenn es *Älteste Priester* oder *Priesterälteste* bereits in der Welt gab, deren Begriffe und Institutionen darauf warteten, ihren Einzug in die sich verweltlichende Kirche zu halten. [3]

προφήτης.

»Die höheren Klassen der Priesterschaft [in Ägypten] sind, nach dem Decrete von Kanopus (l. 3 ff.) und Rosette (l. 6 f.), in aufsteigender Linie die ίερογραμματεῖς, die πτεροφόροι, die ίεροστολισταί (πρὸς τὸν στολισμὸν τῶν θεῶν), die προφῆται

---

[1] Fränkel S 321 zu Perg. 477 (Zeit des Claudius oder Nero): »Diese und die nächste Inschrift [478, Kaiserzeit] bezeugen für Pergamon die Existenz einer Gerusia, für welche namentlich im römischen Kleinasien häufige Institution auf die sorgfältige Erörterung von Menadier (*Ephesii* p. 48 ff) und auf deren Fortführung durch Hicks (*Greek inscriptions in the Brit. Mus.* III 2 p. 74 ff.) verwiesen werden kann. Danach ist die Gerusia für eine amtliche Körperschaft zu halten, deren Competenz in den heiligen Angelegenheiten lag; anders Mommsen, Röm. Gesch. 5, 326«.

[2] A. Harnack, Lehrbuch der Dogmengeschichte I⁴, Freib. i. B. 1888, 385: »Man wird vielleicht sagen dürfen, dass die innere Gestalt der Kirchen durch keine andere Entwickelung so durchgreifend verändert worden ist, als durch diejenige, welche aus den Bischöfen und Ältesten Priester gemacht hat«.

[3] Vergl. unten S. 63 den ähnlichen Thatbestand bei προφήτης.

und die *ἀρχιερεῖς*.[1] In römischer Zeit begegnet uns ein *προ-φήτης Σούχου θ[εοῦ μεγάλ]ου μεγάλου* BU 149 з г. (Faijûm, 2./3. Jahrh. n. Chr.). »Dieser „Prophet" bezieht für sein Amt 344 Drachmen und ⅓ Obole jährlich — ein Gehalt, dessen Niedrigkeit uns vielleicht zu dem Schlusse berechtigt, dass auch dieses Amt von ihm nur als Nebendienst versehen wurde«.[1] BU 488 з г. (Faijûm, 2. Jahrh. n. Chr.) findet sich, wenn die Ergänzung richtig ist, ein *προφήτης* eines Gottes *Συκατοῖμις*. Über die Funktionen dieser ägyptischen *προφῆται* ist mir nichts bekannt. Aber der Umstand, dass in Ägypten[2] die *Propheten* Priester gewesen sind, ist für uns wichtig genug. Er gibt einen Beitrag zum Verständnis der im zweiten Jahrhundert bei den Christen sich findenden Auffassung, dass »die Propheten und Lehrer als die berufenen Prediger des Worts die Priester seien«[3]; wir lernen ein so eigentümliches Wort wie Didache 13 s *δώσεις τὴν ἀπαρχὴν τοῖς προφήταις· αὐτοὶ γάρ εἰσιν οἱ ἀρχιερεῖς ὑμῶν* besser begreifen, zumal wenn es in dem Lande geschrieben ist, wo die *προφῆται* Priester waren.

Nachtrag. Ein interessantes inschriftliches Zeugnis für die priesterlichen *προφῆται* steht auf einer Statue der Sammlung des Generalkonsuls LOYTVED zu Beiruth, die A. ERMAN[4] bekannt gemacht hat. Sie stammt aus Tyrus und stellt einen Verehrer des Osiris dar, der das Bild seines Gottes vor sich hält. Die Arbeit ist rein ägyptisch; den Rückenpfeiler bedeckt eine Inschrift in kleinen Hieroglyphen, die dem Herausgeber nicht völlig klar ist, von der er aber u. a. übersetzt »*der Prophet.... des Osiris*«, was sich auf den Dargestellten bezieht.

---

[1] F. KRBBS, Ägyptische Priester unter römischer Herrschaft, Zeitschr. für ägypt. Sprache und Alterthumskunde XXXI (1893) 36.

[2] Priesterliche *Propheten* hat es auch anderwärts gegeben. Zwar IMAe 833 s. π. (Rhodos, 1. Jahrh. v. Chr.) *προφατεύσας ἐν τῷ ἄστει καὶ ἐπιλαχών ἱερεὺς Ἀλίου* ist es mir zweifelhaft, ob sich *προφατεύσας* gerade auf die priesterliche Thätigkeit bezieht. Aber man vergleiche nur die Stellen bei KAIBEL, IGrSI Index S. 740 *sub προφήτης*.

[3] A. HARNACK, Lehrbuch der Dogmengeschichte I[2] 183.

[4] Eine ägyptische Statue aus Tyrus, Zeitschr. für ägypt. Sprache und Alterthumskunde XXXI (1893) 102.

Nun ist auf der rechten Seite des Rückenpfeilers folgende Inschrift roh eingekratzt:

SACERDOS· OSIRIM
FERENS· ΠΡΟΦΗ|||||
ΟΣΕΙΡΙΝΚΩΜ|||||||
ΖΣ|||||

Das ist zu lesen: *Sacerdos Osirim ferens.* Προφή[της] Ὀσειριν κωμ[ά]ζω[ν].[1]

ERMAN bemerkt dazu: »Dass diese Aufschrift „Priester der den Osiris trägt" nicht von dem Weihenden selbst herrührt, liegt auf der Hand und wird auch durch die Art, wie sie angebracht ist, bestätigt. Man wird vielmehr in römischer Zeit die Weihgeschenke des tyrischen Tempels einmal neu verzeichnet haben und wird dabei der Ordnung halber auf die einzelnen Stücke geschrieben haben, unter welcher Benennung sie inventarisirt sind. Dabei hat man die Statue, deren fremde Inschrift man nicht zu lesen vermochte, nicht ganz genau, zu einem „Priester" im Allgemeinen gemacht, der sein Götterbild besorgt.« Ich verstehe nicht recht, worin der Mangel an Genauigkeit liegen soll, da der griechische Teil der Inschrift ja von einem προφήτης redet. Einerlei — für uns ist von Interesse, dass auf dieser Inschrift aus römischer Zeit *sacerdos* übersetzt ist durch προφήτης und höchst wahrscheinlich selbst Übersetzung des ägyptischen Wortes für *Prophet* ist. Ich kann mir in dieser letzten Frage kein Urteil erlauben, aber mir scheint doch recht wohl möglich zu sein, dass der Schreiber der bilinguen Inschrift den hieroglyphischen Text verstanden hat: weshalb sollte er sonst *sacerdos* durch προφήτης wiedergegeben haben? Dass er das ägyptische Wort für *Prophet* nicht *propheta* übersetzte, wird darin seinen Grund haben, entweder dass dieses Wort überhaupt noch nicht in der lateinischen Sprache eingebürgert war, oder dass es nicht geeignet erschien, den specifischen Sinn des ägyptischen Wortes auszudrücken. Ganz anders das griechische προφήτης, das in Ägypten seit der

---

[1] *κωμάζων in der Prozession tragend.* Entfernt erinnert diese Inschrift an die Leidener Papyrusstelle Bibelstudien 270.

Ptolemäerzeit für eine bestimmte Klasse von Priestern nachweisbar ist. Ist meine Annahme richtig, dann wäre unsere Inschrift trotz ihrer phönikischen Provenienz zu den ägyptischen Zeugnissen für die Priesterpropheten zu rechnen. Im anderen Falle wäre sie ein Beleg dafür, dass auch ausserhalb Ägyptens resp. des ägyptischen Ideenkreises προφήτης als Bezeichnung eines Priesters vorkommt.

συμβούλιον.

Das — wie es scheint — seltene Wort wird in den neutestamentlichen Wörterbüchern ausserhalb des N. T. nur bei Plutarch nachgewiesen. Zu der leider verstümmelten Stelle Perg. 254 a (römische Zeit), wo es vorkommt, citiert FRÄNKEL S. 186 folgende Notiz von MOMMSEN[1], die wohl den ältesten Beleg für das Wort beibringt:

»Das Wort συμβούλιον ist, wie es scheint, nicht eigentlich griechisch, sondern in diesem griechisch-lateinischen Curialstil gebildet, um das unübersetzbare *consilium* zu vertreten. So steht es schon in der Urkunde vom J. 610 d. St. [C. I. Gr. 1543 = DITTENBERGER, *Sylloge* 242]. Vergl. Plutarch Rom. 14: ὠνόμαζον δὲ τὸν θεὸν Κῶνσον, εἴτε βουλαῖον ὄντα· κωνσίλιον γὰρ ἔτι νῦν τὸ συμβούλιον καλοῦσι.«

Sonst fand ich das Wort noch BU 288 14 (Zeit des Antoninus Pius) κ[α]θημένων ἐν συμβουλίῳ ἐν τῷ πραι[τωρίῳ] und 511 16 (ca. 200 n. Chr.[2]) [ἐ]ν συμβουλείῳ ...... ἐκάθισεν.

σφραγίζω.

Rom. 15 28 bezeichnet Paulus die bei den Heidenchristen gesammelte Kollekte für Jerusalem als καρπός: *wenn ich ihnen diese Frucht versiegelt habe, werde ich nach Spanien reisen.* καρπὸν σφραγίζεσθαι ist jedenfalls ein sehr eigentümlicher Ausdruck. B. WEISS[3] sieht darin angedeutet, »dass Paulus ihnen durch persönliches Zeugniss bekräftigt, wie die Liebe

---

[1] Hermes XX 287 Anm. 7.
[2] Um diese Zeit ist der Papyrus geschrieben; der Text selbst dürfte älter sein.
[3] MEYER IV⁶ (1891) 595.

zur Urgemeinde ... diese Liebesgabe an sie gewirkt hat.« Andere dagegen erklären nach Theodoros von Mopsuhestia, der Apostel spiele lediglich auf die ordnungsmässige Einhändigung der Gelder an die Gemeinde von Jerusalem an, so zuletzt LIPSIUS: *richtig in ihren Besitz übermitteln.*[1] Die letztere Ansicht scheint mir durch die Papyri bestätigt zu werden. BU 249₃₁ (Faijûm, 2. Jahrh. n. Chr.) schreibt ein Chairemon an einen Apollonios σφράγεισον^{nic} τὸ σειτάριον^{nic} καὶ τὴν κρειθήν^{nic}, *versiegele den Weizen und die Gerste.* Da haben wir einen ganz analogen Ausdruck[2], den mir Herr Professor Dr. WILCKEN brieflich so erklärte: »*versiegele (die Säcke mit) dem Weizen und der Gerste.* Dasselbe ist gemeint in 15 II₃₁ [Faijûm, 197 (?) n. Chr., ὑμᾶς δὲ σφραγῖδαν^{nic} ἐπιβά[λ]λιν^{nic} ἑκάστῳ ὄνῳ]: *Ihr sollt Euer Siegel auf jeden Esel thun,* d. h. auf die Säcke eines jeden Esels«. Ich vermute, dass durch das Versiegeln der Fruchtsäcke die Richtigkeit des Inhaltes garantiert werden soll. Ist die *Frucht versiegelt*, so ist alles in Ordnung; das Versiegeln ist das Letzte, was vor der Ablieferung noch geschehen muss. Von hier aus gewinnt die bildliche Wendung des Apostels deutlichere Züge. Wie ein gewissenhafter Kaufmann will er verfahren. Wir wissen ja aus dem zweiten Korintherbriefe, dass er in seinem Liebeswerke niedrigen Verdächtigungen nicht entgangen ist; Grund genug für ihn, alles mit um so grösserer Pünktlichkeit zu erledigen.

υἱοθεσία.

Das Wort gehört zu den wenigen, bei denen in den neutestamentlichen Wörterbüchern der »profane« Gebrauch der Inschriften berücksichtigt wird. CREMER⁸ 972 z. B. bemerkt: »In der Literatur selten, dagegen häufiger in Inschriften«. Seine Belege sind zu erweitern durch massenhafte Stellen aus vorchristlichen Inschriften der Inseln des Ägäischen Meeres. Einzel-

---

[1] HC II 2 (1891) 184.

[2] Auch BU 248₁₄ (Brief desselben Mannes an den gleichen Adressaten wie 249) τὰ ἀμύγδαλα σφραγ(ιζόμενα) dürfte hierher gehören.

nachweise sind überflüssig.¹ Das Wort steht immer in der Formel καϑ' υἱοϑεσίαν δέ: A., Sohn des B., καϑ' υἱοϑεσίαν δέ Sohn des C. Entsprechend steht von der Adoption weiblicher Personen die Formel κατὰ ϑυγατροποίαν² δέ, welche 7 mal vorkommt. Die Häufigkeit des Vorkommens dieser Formeln gestattet einen Schluss auf die Häufigkeit von Adoptionen und lässt uns begreifen, dass Paulus sich eines gemeinverständlichen Bildes bediente, als er den Begriff der υἱοϑεσία in dem religiösen Sprachgebrauche verwertete.

χειρόγραφον.

Die technische Bedeutung *Schuldurkunde*, von Clavis³ und THAYER zu Col. 2₁₄ nur aus Plutarch und Artemidor belegt, ist in den Papyri sehr häufig. Sind doch viele χειρόγραφα im Original erhalten; einige derselben sind durchgestrichen und damit annulliert (z. B. BU 179, 272, PER CCXXIX). Für das Wort seien hier folgende Stellen aus Faijûmer Urkunden citiert: PER I₃₀ (83/84 n. Chr.), XIII₈ (110/111 n. Chr.), BU 50 ₈.₁₀.₁₆ (115 n. Chr.), 69₁₂ (120 n. Chr.), 272₄.₁₆ (138/139 n. Chr.), 300 ₈.₁₂ (148 n. Chr.), 301₁₇ (157 n. Chr.), 179₂₁ (Zeit des Antoninus Pius), PER IX₆.₉ (Hermopolis, 271 n. Chr.).

χωρίζομαι.

Wie 1 Cor. 7₁₀.₁₁.₁₅ technischer Ausdruck für die Ehescheidung auch in den Faijûmer Papyri.³ In die Heiratskontrakte sind gewöhnlich Bestimmungen für den Fall der Scheidung aufgenommen; dieselben werden eingeleitet durch die Formel ἐὰν δὲ [οἱ γαμοῦντες] χωρίζωνται ἀπ' ἀλλήλων, so BU 251₆ (81 n. Chr., sichere Ergänzung), 252₇ (98 n. Chr.), PER XXIV ₂₇ (136 n. Chr.), XXVII₁₆ (190 n. Chr.).

---

¹ Vergl. den Index der Personennamen der IMAe. Diese Inschriften schreiben υοϑεσίαν. Den Gegensatz drückt die Formel κατὰ γένεσιν 19₁₀, 884₁₄ [?], 964 *add*. aus.

² So schreiben die IMAe meistens, neben ϑυγατροποίαν 646₅.

³ Auch anderweitig zu belegen.

χάραγμα.

Das *andere Tier* der Apokalypse des Johannes 13 ıs ff. veranlasst ıe *alle, die Kleinen und die Grossen und die Reichen und die Armen und die Freien und die Sklaven,* ἵνα δῶσιν αὐτοῖς χάραγμα ἐπὶ τῆς χειρὸς αὐτῶν τῆς δεξιᾶς ἢ ἐπὶ τὸ μέτωπον αὐτῶν, ιτ ἵνα μή τις δύνηται ἀγοράσαι ἢ πωλῆσαι εἰ μὴ ὁ ἔχων τὸ χάραγμα τὸ ὄνομα τοῦ θηρίου ἢ τὸν ἀριθμὸν τοῦ ὀνόματος αὐτοῦ. Der neuste Erklärer W. Bousset [1] meint, das vergebliche Umherraten der Exegeten inbetreff des χάραγμα beweise, »dass hier wieder ein Zug einer verschollenen älteren Tradition entlehnt ist, der in das vorliegende Bild und seine Deutung nicht mehr hineinpasst«. Von einem *Beweise* kann hier jedoch nicht die Rede sein, selbst wenn festgestellt wäre, dass die Exegeten »vergeblich« gesucht hätten. Mit demselben Rechte darf vermutet werden, dass eine Anspielung auf eine uns bis jetzt nicht bekannt gewordene intime Einzelheit aus den Verhältnissen der Kaiserzeit vorliegt, und es fragt sich nur, welche Erklärung hier plausibeler ist, der Hinweis auf eine alte apokalyptische Tradition oder die Annahme einer Anspielung auf einen bestimmten zeitgeschichtlichen Zug. »Eine vorsichtige Forschung wird die Resultate zeitgeschichtlicher Deutung da annehmen, wo sie sich ungezwungen bietet — . . . . . sie wird wirkliche Nachweise und Resultate der traditionsgeschichtlichen Methode anerkennen, sie wird"' aber, da wo beide nicht zureichen, offene Fragen zugeben, — auch die Möglichkeit uns unbekannter, zeitgeschichtlicher Anspielungen. Sie wird endlich in manchen Fällen beide Methoden neben einander anwenden.« Von diesen Sätzen Bousset's [2] aus, denen ich durchaus beipflichte, soll der folgende Erklärungsversuch verstanden werden.

Mit Recht lehnt Bousset im Kommentar den blossen Hinweis auf die Stigmatisierung von Sklaven und Soldaten ab. Eher könne man, meint er, das χάραγμα als religiöses Schutzzeichen auffassen. Andere Ausleger dächten an die römische

---
[1] Meyer XVI⁴ (1896) 427.
[2] Der Antichrist, Göttingen 1895, 7.

Münze mit Bild und Inschrift des Kaisers. Aber auch diese Erklärungen seien abzuweisen. Das Rätsel werde allein gelöst durch die traditionsgeschichtliche Methode, welche die Stelle in das Licht des altheiligen apokalyptischen Gedankenmaterials rückt. »In der zweiten Hälfte von Cap. 13 ist nämlich ..... die alte Gestalt des Antichrist verarbeitet«.[1] Die Sage vom Antichrist weiss aber, »dass der Antichrist die Bewohner der Erde zwingt, sein Zeichen anzunehmen, und dass nur die, welche das Zeichen auf Stirn und Hand angenommen haben, Brot in den Zeiten der Not kaufen dürfen. Hier haben wir die Erklärung der rätselhaften Verse 16 und 17.«[2]

Jedenfalls ist BOUSSET sich klar darüber, dass die Weiterschiebung keine *Erklärung* ist.[3] Immerhin, sollte der Nachweis gelingen, dass das $\chi\alpha\varrho\alpha\gamma\mu\alpha$ irgendwie zum Bestande der altapokalyptischen Tradition aus Urväterzeit gehörte, so hätten wir ein wertvolles Erkenntnismittel gewonnen. Mit nicht geringer Spannung schlug ich deshalb die Nachweise auf, die BOUSSET anderwärts[4] beibringt. Aber dort sind nur verhältnismässig recht späte Stellen citiert, bei denen es sehr wohl möglich und mir auch wahrscheinlich ist, dass sie vielmehr von Apoc. Joh. 13 beeinflusst sind. Und selbst wenn das *Zeichen* von Johannes übernommen wäre, dann wäre das eigentlich Charakteristische der Stelle nicht erklärt: nicht der Zug, dass das Zeichen den *Namen* oder die *Zahl* des Tieres enthält[5], — nicht dass es allgemein mit *Kaufen und Verkaufen* etwas zu thun hat[6], — nicht die Hauptsache, dass es gerade zu dem

---

[1] Meyer XVI⁴ 431.
[2] Ebenda 432.
[3] Vergl. Der Antichrist 8: »Dabei bin ich mir allerdings bewusst, dass ich ein Verständnis der eschatologisch-mythologischen Vorstellungen in letzter Instanz nicht erreiche.«
[4] Der Antichrist 132 ff.
[5] Nach BOUSSET ist das Zeichen ursprünglich wahrscheinlich ein Schlangenzeichen, der Apokalyptiker soll die Beziehung auf den Namen des Tieres »hinzugefügt« haben (Der Antichrist 133). Hinzugefügt ist aber nichts; deshalb richtiger MEYER XVI⁴ 432, das Zeichen sei »umgedeutet«.
[6] An den von BOUSSET citierten Stellen steht das *Kaufen* (und *Verkaufen*) im engsten Zusammenhang mit der Hungersnot.

mit dem *Tier* gemeinten römischen *Kaiser* in Beziehung steht. Zur Verdeutlichung dieser drei Punkte reicht die traditionsgeschichtliche Methode also kaum aus, und die Möglichkeit der Annahme einer seither unbekannten zeitgeschichtlichen Anspielung meldet sich energisch.

Die Papyri versetzen uns nun in die Lage, dieser Möglichkeit gerecht zu werden. Sie vermitteln uns die Kenntnis eines in der Kaiserzeit häufig gebrauchten *Zeichens* [1], welches

1) zum römischen Kaiser in Beziehung steht,

2) seinen Namen (eventuell auch sein Bild) und seine Regierungszahl enthält,

3) bei Urkunden über Kauf und Verkauf und dergl. notwendig ist und

4) die technische Bezeichnung $χάραγμα$ führt.

1. Auf Papyri des 1. und 2. Jahrhunderts n. Chr. finden sich öfter »bald deutlichere, bald aber sehr schwache Reste eines rothen Stempels, der auf den ersten Anblick einer rothen Maculirung gleicht; in der regelmässigen, zumeist concentrischen Anordnung der rothen Flecke jedoch verrathen sich die Schriftreste in ihrem wahren Charakter«.[2] Ausser diesen Stempelabdrücken auf Papyrus, die sogleich näher besprochen werden, ist nun auch eine kreisförmige Originalstempelplatte aus weichem Kalkstein erhalten mit einem Durchmesser von 5,5 cm und einer Dicke von 2,8 cm. Auf der Schriftfläche sind Reste der roten Druckfarbe. Die Platte ist im Berliner Museum und von Fr. Krebs zu BU 183 mit Faksimile publiciert. Durch gütige Erlaubnis der General-Verwaltung der Königlichen Museen bin ich in der Lage, das Faksimile hierneben wiedergeben zu können.

---

[1] Ob dieses kaiserliche $χάραγμα$ auch sonst belegt ist, weiss ich nicht. Aber ich vermute, dass es nicht der Fall ist. Sonst könnte ich nicht begreifen, dass Mommsen, der Apoc. Joh. 13,16 f. eine Anspielung auf das Kaisergeld findet (Römische Geschichte V⁴, Berlin 1894, 522), nicht auf meine Vermutung gekommen sein sollte. Auch Wessely behandelt in seiner Publikation der PER die Sache als eine neue.

[2] Wessely zu PER XI, S. 11.

Die Legende, natürlich in Spiegelschrift, ist mit Uncialbuchstaben in Spirallinie angeordnet und lautet:

L λε' Καίσαρος,

d. h. im 35. Jahre[1] des Caesar (= 5/6 n. Chr.).

In der Mitte, von der Spirallinie dieser Worte umgeben, stehen noch die Buchstaben γρ, die ich nicht verstehe. KREBS löst sie γρ(αψεῖον) auf; dann hätte dieses Siegel also auch den Namen der Behörde enthalten.

Kaiserstempel des Augustus. Berliner Museum.

Mit solchen Platten werden die Kaiserstempel[2] gemacht sein, die sich auf einigen Papyrusurkunden mehr oder weniger deutlich erhalten haben. Folgende Fälle sind mir bekannt geworden.

a) PER I (Faijûm, 83/84 n. Chr.), ein Kaufvertrag, hat auf der Rückseite die Reste zweier roter Stempel, von denen noch die Worte [Αὐτ]οκρ[άτορος] und Δομ[ιτιανοῦ] zu erkennen sind, und andere Schriftspuren.

b) BU 183 (Faijûm, 26. April 85 n. Chr.), eine Urkunde betr. die Regelung von Vermögens- und Erbverhältnissen zweier Ehegatten, zeigt auf der Rückseite drei fast ganz verlöschte

---

[1] L ist die häufige Abkürzung für ἔτους.

[2] Andere als Kaiserstempel habe ich in den Papyri nicht gefunden.

Zeilen von der Hand, die den Text der Urkunde geschrieben hat, und zwei Abdrücke eines Stempels mit roter Tinte, Durchmesser 7,8 cm, Höhe der Buchstaben 0,7 cm. Die Schrift (Unciale) in Spirallinie lautet:

L δ' Αὐτοκράτορος Καίσαρος Δομιτιανοῦ Σεβαστοῦ Γερμανικοῦ.

c) PER XI (Faijûm, 108 n. Chr.), ein Vertrag über die Teilung zweier Haushälften, ist ein besonders schön erhaltenes Exemplar, das WESSELY mit Faksimile [1] publiciert hat. »Die Rückseite enthält den rothen Stempel, kreisförmig mit dem Durchmesser von 9,7 cm; am äussersten Rande läuft zuerst eine Kreislinie; dann innerhalb ein Kreis, gebildet von den Buchstaben (à 1 cm Höhe):

L ιβ' Αὐτοκράτορος Καίσαρος Νέρουα Τραιανοῦ.

Darin eingeschlossen ein kleiner Kreis, der unterhalb L beginnt, aus den Buchstaben:

Σεβαστοῦ Γερμανικοῦ Δακικοῦ,

endlich in der Mitte das Brustbild des nach rechts blickenden Kaisers.

Unter dem Stempel ist mit schwarzer Tinte geschrieben:

μαρ^ω σεσ^η (Μάρων σεσημείωμαι)«.

d) PER CLXX (Faijûm, Zeit des Trajan), ein Kaufvertrag, trägt auf der Rückseite den zu einem Drittel erhaltenen roten Stempel, von dem noch zu lesen ist im äusseren Kreise:

[Αὐτ]οκράτορος Καίσαρος Ν[έρουα Τραιανοῦ],

im inneren:

[Σεβασ]τοῦ Γερμανικοῦ.

2. Allen diesen Kaiserstempeln einschliesslich des Augustusstempels ist gemeinsam, dass sie den Namen des Kaisers enthalten; mit Sicherheit wird man vermuten dürfen, dass nach

---

[1] Am 15. März d. J. wandte ich mich an die Direktion der K. K. Hof- und Staatsdruckerei zu Wien mit der Bitte, mir das Cliché dieses Faksimiles für meine Publikation leihweise zu überlassen. Zu ihrem lebhaften Bedauern konnte die Direktion diesem Wunsche nicht entsprechen, »da die Redaktion des Werkes „Corpus Papyrorum Raineri" aus prinzipiellen Gründen nicht in der Lage ist, die Zustimmung hierfür zu ertheilen« (Antwortschreiben vom 22. März).

Analogie der vollständig erhaltenen auch bei den verstümmelten ursprünglich die Zahl des Regierungsjahres daneben gestanden hat. Ein Stempel zeigt auch das Bild des Kaisers; inwieweit dies auch bei den anderen der Fall ist oder vermutet werden kann, geht aus den Publikationen nicht hervor. Der Augustusstempel jedenfalls trägt das Bild nicht.

3. Über die Bedeutung des Stempels kann ein Zweifel kaum bestehen. Wessely[1] meint zwar, man könne »ihn auf die Beglaubigung des Schreibmaterials als aus der kaiserlichen Fabrik stammend beziehen, oder auf die Beglaubigung der Originalurkunde«. Aber die erste Möglichkeit kommt meines Erachtens nicht inbetracht. Für eine Ursprungsmarke des Papyrus ist der Stempel z. B. PER XI viel zu gross; man wird doch nicht eine so grosse Fläche des wertvollen Materials durch Abstempelung ohne weiteres dem Gebrauche entzogen haben. Dazu kommt ein anderer Grund. Soweit die Jahreszahl der erhaltenen Stempel noch erkennbar ist, entspricht sie der Jahreszahl der betreffenden Urkunde. Das wäre ein eigentümlicher Zufall, wenn wir es mit einem Fabrikstempel zu thun hätten. Der Stempel dient vielmehr zur Beglaubigung einer Originalurkunde. Er wird von der zuständigen Behörde einem Vertrage beigedrückt, und die Urkunde ist rechtskräftig. Bestätigt wird diese Annahme durch die sogleich zu erwähnende Copie einer solchen Urkunde: da ist der Stempel nicht vorhanden, aber am Rande wird seine Legende getreu kopiert. Der Stempel gehört eben zur Urkunde, nicht zum Papyrus.

Sieht man sich nun die gestempelten Urkunden auf ihren Inhalt an, so finden wir unter 5 Fällen (einschliesslich der S. 74 erwähnten Copie) 3 Kauf- resp. Verkauf-Verträge. Die beiden anderen Urkunden sind inhaltlich den Kaufverträgen nahe verwandt. Wessely[2] hat dies bereits zu der Partitionsurkunde hervorgehoben; aber auch in BU 183 handelt es sich um eine ähnliche Sache.[3]

[1] Zu PER XI S. 37.
[2] Zu PER XI S. 34.
[3] Ich vermute, dass bei einer genaueren Prüfung der Fragmente von Kaufverträgen und ähnlichen Urkunden des 1. und 2. Jahrhunderts, so-

4. Einem freundlichen Zufalle verdanken wir auch die Kenntnis der offiziellen Bezeichnung dieses Kaiserstempels. PER IV ist die Copie eines Faijûmer Kaufvertrags aus dem 12. Jahre des Kaisers Claudius (52/53 n. Chr.). Sie besteht aus drei Teilen, dem eigentlichen Körper des Vertrags, der prokuratorischen Unterschrift und der Beglaubigung durch das γραφεῖον, eine Behörde, die WESSELY als das »graphische Registeramt« bezeichnet. Jeder dieser drei Teile ist eingeleitet durch die Notiz, dass es sich um eine Copie handelt, also ἀντίγραφον οἰκονομίας[1] Zeile 1, ἀντίγραφον ὑπογραφῆς Zeile 20, endlich am linken Rande vertikal laufend ἀντίγραφον χαράγματος. WESSELY übersetzt *Abschrift der Signirung*; offenbar aber ist die »Signirung«, richtiger die notwendige Abstempelung, auf dem Original eben durch den kaiserlichen Stempel vollzogen worden. Dafür spricht der kopierte Wortlaut:

L [ι]β´ Τιβερίου Κλαυδίου Καίσαρος Σεβαστοῦ Γερμανικοῦ Αὐτοκράτορος.

Das ist genau die Legende, deren Schema uns durch die erhaltenen Originalstempel bekannt geworden ist. Der Ausdruck χάραγμα passt hierfür vorzüglich. In der folgenden Zeile werden wir den unter den Stempel gesetzten handschriftlichen Vermerk des γραφείου zu erkennen haben, wie uns ein solcher auch PER XI und wohl auch BU 183 begegnet. Er fügt den Monatstag[2] hinzu μηνὸς Καισαρεί(ου) ιδ´ und den Titel der beglaubigenden Behörde ἀναγ(έγραπται) διὰ τοῦ ἐν Ἡρακλείᾳ γραφείου.

Alles in allem: χάραγμα bezeichnet den auf Kaufverträgen und ähnlichen Urkunden des 1. und 2. Jahrhunderts sich finden-

---

weit sie im Original vorhanden sind, Reste eines Stempels noch auf weiteren Exemplaren entdeckt werden können.

[1] οἰκονομία für *Urkunde* kommt in den Papyri öfters vor.
[2] Die Annahme, dass das Monatsdatum noch zum Stempel gehört habe, ist an sich unwahrscheinlich, da dann die Stempelplatten täglich hätten verändert werden müssen; auch sprechen die erhaltenen Stempel, die nur das Jahr haben, dagegen.

den kaiserlichen Stempel mit der Jahreszahl und dem Namen des regierenden Kaisers (eventuell auch seinem Bilde).

Es ist wohl nicht zu viel behauptet, wenn ich sage, dass mit diesem Ergebnis etwas anzufangen ist. Ist die Deutung des *Tieres* auf einen römischen Kaiser richtig, was ich nicht im geringsten bezweifele, dann kann man das χάραγμα des Tieres recht wohl von dem kaiserlichen χάραγμα aus begreifen.[1] Natürlich nicht bis ins kleinste Detail deckt sich das apokalyptische χάραγμα mit dem zeitgeschichtlichen Vorbild; der Seher hat frei geschaltet: er lässt das Zeichen auf Stirn oder Hand drücken[1], und er gibt der *Zahl* einen anderen Sinn. Hier ist der Punkt, wo alte (apokalyptische?) Tradition möglicher Weise ihren Einfluss geltend gemacht hat. Aber sie hat nur modifiziert; die charakteristischen, um nicht zu sagen charagmatischen Züge des Vorbildes sind unschwer wiederzuerkennen.

5. Formelhaftes Sprachgut.

ἐκ τῶν τεσσάρων ἀνέμων.

Man könnte die Formel (LXX Sach. 11,6, Marc. 13,27, Matth. 24,31) für eine blosse Nachbildung der entsprechenden hebräischen halten. Aber sie steht auch PER CXV,6 (Faijûm, 2. Jahrh. n. Chr.) [γείτο]νες ἐκ τεσσάρων ἀνέμων; trotz der Verstümmelung der Urkunde ist es unzweifelhaft, dass *die vier Himmelsrichtungen* gemeint sind.

ἀξίως τοῦ θεοῦ.

1 Thess. 2,12 steht περιπατεῖν ἀξίως τοῦ θεοῦ, Col. 1,10 περιπατῆσαι ἀξίως τοῦ κυρίου εἰς πᾶσαν ἀρεσκείαν, 3 Joh. 6

---

[1] Selbst wenn die Kaiserstempel alle so gross wären, wie der Trajanstempel PER XI, der mit seinem Durchmesser von 9,7 cm nur auf Denkerstirnen und Proletarierhänden Platz fände, würde unsere Hypothese nichts an Wahrscheinlichkeit verlieren; mit dem Centimetermasse darf man den Seher nicht kontrollieren wollen. Aber ein Normaldurchmesser war für den Stempel offenbar nicht vorgeschrieben, vergl. das Exemplar BU 188 und gar den Originalstempel des Augustus; ein Stempel von seiner Grösse konnte recht wohl auf Stirn oder Hand Platz finden.

προπέμψας ἀξίως τοῦ θεοῦ (vergl. ev. Sap. Sal. 3₆ καὶ εὗρεν αὐτοὺς ἀξίους ἑαυτοῦ [= θεοῦ] und Matth. 10₃₇ ƒ.). Die Formel ist in Pergamon (und gewiss auch an anderen Orten) sehr beliebt gewesen. Perg. 248₇ ƒ. (142,141 v. Chr.) wird von dem Dionysos- und Sabaziospriester Athenaios gerühmt συ[ν]-τετελεκότος τὰ ἱερά.... εὐσεβῶς [μ]ὲν καὶ ἀξίως τοῦ θεοῦ[1], Perg. 521 (nach 136 n. Chr.) von einer Athenapriesterin ἱερασα-μένην ἀξίως τῆς θεοῦ καὶ τῆς πατρίδος, und Perg. 485₃ ƒ. (Anfang des 1. Jahrh. n. Chr.) wird ein ἀρχιβούκολος geehrt διὰ τὸ εὐσεβῶς καὶ ἀξίως τοῦ Καθηγεμόνος Διονύσου προϊστασθαι τῶν θείων μυστηρίων. Synonym wird Perg. 522₇ ƒ. (3. Jahrh. n. Chr.) zweier Athenapriesterinnen gedacht ἱερασαμένων...... ἐνδόξως καὶ ἐπιφανῶς κατὰ τὸ ἀξίωμα καὶ τὸ μέγεθος τῆς θεοῦ. Die Inschrift von Sestos (Wiener Studien I 33 ff., ca. 120 v. Chr.) bietet Zeile 87 λαμπρὰν ποιησάμενος τὴν ὑποδοχὴν καὶ ἀξίαν τῶν θεῶν καὶ τοῦ δήμου.

ἐμμένω (ἐν) πᾶσι τοῖς γεγραμμένοις.

LXX Deut. 27₂₆ ἐπικατάρατος πᾶς ἄνθρωπος ὃς οὐκ ἐμμένει ἐν πᾶσι τοῖς λόγοις τοῦ νόμου τούτου wird von Paulus Gal. 3₁₀ »frei« folgendermassen citiert: ἐπικατάρατος πᾶς ὃς οὐκ ἐμμένει ἐν πᾶσιν τοῖς γεγραμμένοις ἐν τῷ βιβλίῳ τοῦ νόμου. Gewiss eine unwesentliche Änderung, wie sie bei einem gedächtnismässigen Citate jeder einmal unbewusst vornimmt. Sie brauchte uns weiter keine Mühe zu machen, wenn nicht die Papyri zeigten, wie Paulus vielleicht gerade zu dieser leisen Änderung gekommen ist. In der Teilungsurkunde PER XI 23 ƒ. (Faijûm, 108 n. Chr.) lesen wir ἐνμενέτωσαν [οἱ] ὁμολογοῦντες .... ἐν τοῖς ἑκουσίως ὡμολογη[μένοις] καὶ διειρημένοις. Wir haben hier eine im amtlichen Stil solcher Urkunden gebräuchliche Rechtsformel vor uns, die ähnlich schon im Turiner Papyrus 8 (2. Jahrh. v. Chr.) vorkommt: ἐμμένειν δὲ ἀμφοτέρους ἐν τοῖς πρὸς ἑαυτοὺς διωμολογημένοις.[2] Die Formel

---

[1] Vergl. schon, falls die Ergänzung richtig ist, Perg. 223 (ca. 156 v. Chr.) von der Athenapriesterin Bito: ἀναστ[ρεφομένη]ν καλ[ῶς] καὶ εὐσεβῶς καὶ ἀ[ξίως τῆς θεᾶς].

[2] Ich citiere, da ich die Turiner Papyri nicht zur Hand habe, nach Corp. Papp. Raineri I 1 S. 12.

variiert in den Verben, bewahrt aber ihre bei einer juristischen Wendung begreifliche Konstanz dadurch, dass auf ἐμμένειν mit oder ohne ἐν der Dativ eines Participiums, meist im Plural, folgt. So lautet sie PER CCXXIV 6 f. (Faijûm, 5 6 n. Chr.) ἐνμένειν ἐν πᾶσι τοῖς γεγε[νημένοις κατὰ τὴ]ν γραφὴν τῆς ὁμολ(ογίας [1]) ἥν συνγέγραμμαί σοι. Man beachte hier das Hinzukommen eines neuen Gliedes, πᾶσι. Und nun lesen wir endlich BU 600 6 (Faijûm, 2./3. Jahrh. n. Chr.) ἐνμένω πᾶσι ταῖς προγεγραμμέ^ν[α]ις ^{ne} [ἐν]τολαῖς, eine Fassung, an welche das Bibelcitat des Paulus in seiner charakteristischen Variation unzweifelhaft erinnert. Da darf die Vermutung ausgesprochen werden, dass der Apostel das biblische ἐμμένει ἐν πᾶσι τοῖς — in unwillkürlichem Anschluss an den Tonfall der Rechtsformel participial weitergeführt hat. Ich weiss nicht, ob die Wendung auch sonst und ausserhalb Ägyptens zu belegen ist; ihr zweifellos formelhafter Charakter spricht jedenfalls dafür, dass sie, wenn auch in mannigfacher Variation, zu dem bekannteren Sprachgute gehört hat. Und bei Paulus ist der Gebrauch einer juristischen Wendung ohnehin besonders begreiflich.[2]

καθὼς γέγραπται etc.

Die in meinen Bibelstudien 109 f. gegebenen Belege für den juristischen Charakter der Citationsformel καθὼς (καθάπερ) γέγραπται können noch sehr vermehrt werden.[3] IMAc 761 41 (Rhodos, 3. Jahrh. v. Chr.) steht καθὰ καὶ ἐν τοῖς νόμοις γέγραπται. Mit Beziehung auf einen unmittelbar vorhergehenden

---

[1] ὁμολογία = Kontrakt.
[2] Vergl. Bibelstudien 103 f.
[3] Dass die Formel auch ohne diese technische Bedeutung vorkommt, habe ich Bibelstudien 110 Anm. 8 bemerkt. Hierher gehört auch das ἀναγέγραπται des Josephus (Belege bei HANS DRÜNER, Untersuchungen über Josephus, Dissertat. Marburg 1896, 54 Anm. 1 und 85), Arrian (vergl. WILCKEN, Philologus LIII [1894] 117 f.) und wohl noch anderer Autoren. Einer freundlichen Mitteilung des Herrn Dr. HANS DRÜNER verdanke ich die Notiz, dass Josephus ἀναγέγραπται öfter auch bei Hinweisen auf das A. T. verwendet, während er γέγραπται so jedenfalls nur selten gebraucht; auf ein nichtbiblisches Citat bezieht sich γέγραπται c. Ap. II 18.

Passus heisst es in dem Dekrete Perg. 251 ss (2. Jahrh. v. Chr.) *καθάπερ γέγραπται*, ähnlich in den Urkunden BU 252 ʋ (Faijûm, 98 n. Chr.) *καθά γέγραπται* und PER CLIV ıı (Faijûm, 180 n. Chr.) *καθώς γ[έγρ]απται*. Hierher gehören auch *καθότι προγέγραπται* BU 189 (Faijûm, 7 n. Chr.) und PER IV ıɪɾ. (Faijûm, 52/53 n. Chr.); *καθώς ύπογέγραπται* von einem nachher citierten Orakel in der Inschrift von Sidyma No. 53 Dbıı ɾ.[1] (nachhadrianisch); *καθά διαγέγραπται* in einer Inschrift aus Kos[2] (Zeit?).

Auch andere Citationsformeln der neutestamentlichen Autoren sind aus dem juristischen Sprachgebrauche zu belegen: *κατά τά προγεγραμμένα* PER IV ɪ₄ (Faijûm, 52/53 n. Chr.), vergl. *κατά τό γεγραμμένον* 2 Cor. 4 ıs; [*κατά τή*]ν *γραφήν* mit Beziehung auf einen Kontrakt PER CCXXIV₆ (Faijûm, 5/6 n. Chr.) und *κατά γραφάς* mit Beziehung auf die Gesetze BU 136 ıο (135 n. Chr.), vergl. *κατά τάς γραφάς* 1 Cor. 15 sɾ. und *κατά τήν γραφήν* Jac. 2 ₈.

τὸ γνήσιον.

2 Cor. 8 ₈ *τὸ τῆς ὑμετέρας ἀγάπης γνήσιον*, vergl. Inschrift von Sestos (Wiener Studien I 33 ff., ca. 120 v. Chr.) ᴛ *πρὸ πλείστου θέμενος τὸ πρὸς τήν πατρίδα γνήσιον καὶ ἐκτενές*.

δέησιν, δεήσεις ποιοῦμαι.

δέησιν ποιοῦμαι (Phil. 1 ₄ vom *Bittgebet*) steht allgemein für *bitten* BU 180 ıᴛ (Faijûm, 172 n. Chr.) *δικαίαν δέ*[*ησ*]*ιν ποιούμενος*, dagegen *δεήσεις ποιοῦμαι* wie Luc. 5 ₈₈, 1 Tim. 2 ı vom *Bittgebet* auch Pap. Par. 69 II ıı (Elephantine, 232 n. Chr.) *ἔνθα σπονδά*[*ς τε καὶ δε*]*ήσεις ποιησάμενος*.[3]

δεξιὰν δίδωμι.

Perg. 268 C (98 v. Chr.) erbieten sich die Pergamener, den Streit der Städte Sardes und Ephesos zu schlichten; sie senden

---
[1] Benndorf und Niemann,' Reisen in Lykien und Karien I, Wien 1884, S. 77, zur Datierung vergl. S. 75.
[2] Hermes XVI (1881) 172 Anm., citiert von Fränkel S. 16.
[3] Ich citiere nach der Bearbeitung dieses Papyrus (aus *Notices et extraits* XVIII 2 S. 390—399) durch Wilcken, Philologus LIII (1894) 82.

einen Vermittler (Z. 10 f.) [τὸν παρακα]λέσοντα δοῦναι τ[ὰ]ς χεῖρας ἡμῖν εἰ[ς σύλλυσιν].¹ Dazu bemerkt FRÄNKEL S. 201: »"uns die Hände zu reichen zu einer (von uns herbeizuführenden Ausgleichung". Ein zweites Beispiel dieser dem deutschen Gebrauch entsprechenden Verwendung des Ausdrucks δοῦναι τὰς χεῖρας habe ich nicht gefunden.«´ Wir haben hier einen Fall, wo die Erklärung der Inschriften von den heiligen Texten etwas profitieren kann; der Ausdruck *die Hand* oder *die Hände reichen*² ist der griechischen Bibel sehr geläufig, wenn auch in der Form δεξιὰν (oder δεξιὰς) διδόναι: 1 Macc. 6 58, 11 50. 62, 13 50, 2 Macc. 11 26, 12 11, 13 22, Gal. 2 9 (δεξιὰς ἔδωκαν ... κοινωνίας), vergl. δεξιὰν (oder δεξιὰς) λαμβάνειν 1 Macc. 11 66, 13 50, 2 Macc. 12 12, 14 19.³ Die Exegeten haben denn auch bereits klassische Analogien beigebracht, am eingehendsten wohl schon JOANNES DOUGTÆUS, *Analecta sacra*, ed. sec., Amstelaedami 1694, P. II p. 123. *Clavis*³ 88 citiert nur Xen. an. 1, 6, 6; 2, 5, 3; Joseph. antt. 18, 19 [muss heissen 9], 3.

εἰς τὸ διηνεκές.

Ausser in der Hebräerepistel bei Appian *B. civ.* 1, 4 konstatiert; steht IMAe 786 16 (Rhodos, Kaiserzeit): τετειμημένος sic ἐς τὸ διενεκές sic, auch bei Apollodor von Damascus 42.

ἔθος, κατὰ τὸ ἔθος.

Im engeren Sinne für *Gesetz*, *Ritus* wie oft bei Luc. und Act. Ap. steht das Wort in den Faijûmer Papyri fast durchweg. Man beachte namentlich die Formel κατὰ τὸ ἔθος (Luc. 1 9, 2 42): BU 250 17 (Zeit des Hadrian) καθαρὸς κατὰ τὸ ἔθος, 131 6 (2./3. Jahrh. n. Chr.) und 96 16 (2. Hälfte des 3. Jahrh. n. Chr.) κατὰ τὰ 'Ρωμαίων ἔθη ⁴, 347 I 17 II 16 (171 n. Chr.) und 82 12 (185 n. Chr.) περιτμηθῆναι κατὰ τὸ ἔθος (vergl. Act. Ap. 15 1 περιτμηθῆτε τῷ ἔθει Μωϋσέως).

---

¹ Die Ergänzungen sind gesichert.
² Nicht zu verwechseln damit ist ἐκδιδόναι τὴν χεῖρα BU 405 16 (Faijûm, 348 n. Chr.), wo χείρ *Handschrift*, *Urkunde* bedeutet.
³ Vergl. auch GRIMM zu 2 Macc. 4 34 HApAT IV (1857) 93.
⁴ Diese Formel öfter auch in den PER.

ἑτοίμως ἔχω.

Zu 2 Cor. 12,14, 1 Pe. 4,5, Act. Ap. 21,13 mehrfach belegt; steht auch in den Faijûmer Urkunden aus der Zeit des Marc Aurel BU 240,17 und 446,17. Nur an der letzteren Stelle ist die Konstruktion zu erkennen, es folgt der Infinitiv wie an den neutestamentlichen Stellen.

τοῦ θεοῦ θέλοντος etc.

Ähnliche heidnische Formeln sind zu den neutestamentlichen Stellen längst nachgewiesen. Wie verbreitet ihr Gebrauch auch in den unteren Volksschichten gewesen sein muss, zeigen die Faijûmer Papyri. Zu τοῦ θεοῦ θέλοντος Act. Ap. 18,21 gehört τῶν θε[ῶ]ν θελόντων BU 423,18 (2. Jahrh. n. Chr., Brief eines Soldaten an seinen Vater), im Hinblick auf die Vergangenheit gebraucht 615,4f. (2. Jahrh. n. Chr., Privatbrief) ἐπιγνοῦσα ὅτι θεῶν θελόντων διεσώθης, ähnlich Zeile 21 f.; weiter θεῶν δὲ βουλομένων 248,11 f. (2. Jahrh. n. Chr., Privatbrief), 249,18 (2. Jahrh. n. Chr., Privatbrief); — zu ἐὰν ὁ κύριος ἐπιτρέψῃ 1 Cor. 16,7, ἐάνπερ ἐπιτρέπῃ ὁ θεός Hebr. 6,3 vergleiche man θεῶν ἐπιτρεπόν[τ]ων 451,10f. (1./2. Jahrh. n. Chr., Privatbrief), auch τῆς τύχης ἐπιτρεπούσης 248,15f. (2. Jahrh. n. Chr., Privatbrief); — analog zu καθὼς [ὁ θεὸς] ἠθέλησεν 1 Cor. 12,18, 15,38 steht ὡς ὁ θεὸς ἤθελεν BU 27,11 (2./3. Jahrh. n. Chr., Privatbrief). Der Umstand, dass wir die aufgeführten Fälle des Gebrauches dieser Formeln gerade in Privatbriefen der Kaiserzeit konstatieren können, ist besonders lehrreich.

ἐκ τοῦ μέσου αἴρω.

Thayer 402 citiert zu Col. 2,14 Plut. De curios. 9, Is. 57, 2. BU 388 II,23 (Faijûm, 2./3. Jahrh. n. Chr.) steht die Fügung gleich *e medio tollo* im eigentlichen Sinne.

ἀπὸ τοῦ νῦν.

Die 2 Cor. 5,16 sowie häufig von Lucas (Ev. und Act. Ap. 18,6) gebrauchte Formel ist den Faijûmer Rechtsurkunden sehr geläufig. Wir finden sie in den Zusammenstellungen ἀπὸ τοῦ νῦν ἐπὶ τὸν ἅπαντα χρόνον PER IV₉.₁₇ (52/53 n. Chr.), XI₆ (108 n. Chr.), BU 350₁₉ (Zeit des Trajan), 193 II₁₁ (136 n. Chr.), ἀπὸ τοῦ νῦν εἰς τὸν ἀεὶ χρόνον 282₆ (nach 175 n. Chr.), [ἀπ]ὸ τοῦ νῦν ἐπὶ τὸν ἀεὶ καὶ ἅπαντα [χρόνον] 456₉ (348 n. Chr.), aber auch alleinstehend ἀπὸ τοῦ νῦν 153₁₄ (152 n. Chr.) und 13₉ (289 n. Chr.).

Entsprechend steht μέχρ[ι] τ[οῦ] νῦν (vergl. ἄχρι τοῦ νῦν Rom. 8₂₂, Phil. 1₆) BU 256₉ (Faijûm, Zeit des Antoninus Pius).

κατ' ὄναρ.

Die Belege zu Matth. 1₂₀, 2₁₂ f. ₁₉. ₂₂, 27₁₉ dürfen durch Perg. 357₈ (römische Zeit) [κ]ατ' ὄναρ und IMAe 979₄ f. (Karpathos, 3. Jahrh. n. Chr.) κατὰ ὄναρ nicht erweitert werden; hier bedeutet die Formel nicht *im Traum*, sondern *infolge eines Traumes*, wie Perg. 327 (spätrömisch [1]) κατ' ὄνειρον.

παραίτιος ἀγαθῶν.

2 Macc. 11₁₉ heisst es in dem Briefe des Lysias an die Juden καὶ εἰς τὸ λοιπὸν πειράσομαι παραίτιος ὑμῖν ἀγαθῶν γενέσθαι. Ähnlich steht Ep. Arist. p. 67₂₁ (SCHM.) ὡς ἂν μεγάλων ἀγαθῶν παραίτιοι γεγονότες. Inschriftlich ist die Formel oft zu belegen. Zu Perg. 246₆₄ f. (Ehrendekret der Stadt Elaia für Attalos III., ca. 150 v. Chr.) [ἀ]εί τινος [ἀ]γα[θ]οῦ παραίτ[ι]ον γίνεσθαι αὐτόν bemerkt FRÄNKEL S. 159: »Der Ausdruck ist als Formel in die griechische Amtssprache der Römer aufgenommen: so Brief eines Quaestors an die Letäer 118 v. Chr. bei DITTENBERGER, *Sylloge* 247, 44 f.; zwei Briefe Caesars und Octavians an die Mytilenäer Sitzungsber. d. Berl. Akad. 1889 S. 960. 965. Sonst z. B. DITTENBERGER 252, 2. 280, 23.« Auch IMAe 1032₁₁ (Karpathos, 2. Jahrh. v. Chr.) παραίτιος γεγόνει τᾶς σωτηρ[ί]ας ist zu vergleichen.

παρέχομαι ἐμαυτόν.

*Clavis*⁹ 340 belegt diese mediale Phrase (Tit. 2₇) nur durch Xen. *Cyr.* 8, 1, 39; THAYER 488 fügt hinzu Joseph. *c. Ap.*

---

[1] Vergl. FRÄNKEL S. 55.

2, 15, 4. Sie steht auch IMAe 1032₆ (Karpathos, 2. Jahrh. v. Chr.) *ἀνέγκλητον αὐτὸν παρέσχηται* und LEBAS, *Asie* 409₆ (Mylasa, 1. Jahrh. v. Chr.) *χρήσιμον ἑαυτὸν παρέσχηται*.[1]

παρίστημι θυσίαν.

B. WEISS[2] lehnt Rom. 12₁ für *παριστάναι* die sakrifizielle Bedeutung *hinstellen* (*des Opfers an den Altar*) ab, da das Wort »wohl im Griechischen so vorkommt« — folgen die Belege —, »aber keineswegs im A. T... irgend wie stehender Terminus techn. ist«; es sei zu fassen *zur Verfügung stellen*. Gegen diese Meinung habe ich zwei Bedenken. Einmal sehe ich nicht, wodurch sich die beiden Fassungen von einander unterscheiden: auch wenn die letztere gewählt wird, erhält sie, eben in der Verbindung *παριστάναι θυσίαν*, die Bedeutung der ersteren. Sodann ist mir unverständlich, wie man eine Wendung des Apostels Paulus in einen Gegensatz zum Griechischen stellen kann.

Die von WEISS angegebenen Belege für den griechischen Sprachgebrauch erweitern sich durch Perg. 246₁₇.₄₈ (Ehrendekret der Stadt Elaia für Attalos III., ca. 150 v. Chr.) *παραστᾱθείσης θυσίας*, 256₁₄.₂₁ (Kaiserzeit) *παραστᾱθῆναι* [θ]*υσίαν αὐτῷ* resp. [ἀφ᾽ ο]*ὖ* [ἄ]*ν .. παριστῇ τὴν θυσί*[α]*ν*.

μετὰ πάσης προθυμίας.

Zu Act. Ap. 17₁₁ *οἵτινες ἐδέξαντο τὸν λόγον μετὰ πάσης προθυμίας* vergl. Perg. 13 ₃₀ f. (Eid der Söldner des Königs Eumenes I., bald nach 263 v. Chr.) [*παρ*]*έξομαι δὲ καὶ τὴν* [ἄ]*λλην χρείαν εὐνόως καὶ ἀπροφα*[σ]*ί*[σ]*τως* [*με*]*τὰ πάσης προ*-*θυμ*[ί]*ας εἰς δύναμιν εἶναι τὴν ἐμήν*. Die Redensart wird gewiss auch sonst noch zu belegen sein.

ἐκ συμφώνου.

Wie 1 Cor. 7₅ steht die Formel in den Faijûmer Urkunden BU 446 [= 80]₁₃ (Zeit des Marc Aurel) *κ*[*α*]*θὼς ἐκ συνφώνου*

---
[1] Ich citiere diese Stelle nach FRÄNKEL S. 186, der auch auf das aktivische *παρασχόντα χρήσιμον ἑαυτὸν τῇ πατρίδι* CIG 2771 I₁₄ (Aphrodisias) verweist und Perg. 253₁₄ ähnlich ergänzen möchte.

[2] MEYER IV⁶ (1891) 512.

ὑπηγόρευσαν, PER CXCI₉ (2. Jahrh. n. Chr.) [κ]αθὼς ἐξυμφώνου ⁵ⁱᵉ ὑπηγόρευσαν und CXCVII₈ (2. Jahrh. n. Chr.) καθὼς ⁵ⁱᵉ
ἐξυμφώνου ⁵ⁱᵉ π[.........] ὑπηγ[όρευσαν].

οὐχ ὁ τυχών.

Für *aussergewöhnlich* wie 3 Macc. 3₇, Act. Ap. 19₁₁, 28₈
steht die Verbindung auch BU 36 [cf. 436]₉ (Faijûm, 2./3. Jahrh.
n. Chr.) ὕβριν οὐ τὴν τυχοῦσαν συνετελέσαντο.

οἱ ἐν ὑπεροχῇ ὄντες.

Seither nur 1 Tim. 2₂ nachgewiesen, vergl. 2 Macc. 3₁₁
ἀνδρὸς ἐν ὑπεροχῇ κειμένου. Schon Perg. 252₁₀ (frührömische
Zeit, nach 133 v. Chr.) steht τῶν ἐν ὑπεροχῇ ὄντων, wahrscheinlich allgemein von den *Angesehenen*.

φίλανδρος καὶ φιλότεκνος.

Zu Tit. 2₄ τὰς νέας φιλάνδρους εἶναι, φιλοτέκνους bemerkt
v. SODEN [1]: »beide Ausdrücke nur hier«, und auch in der letzten
Auflage des MEYER (XI⁶ [1894] 382) sind sie als »ἅπ. λεγ.«
bezeichnet, trotzdem beide bereits in der *Clavis* anderweitig
belegt sind. Wichtiger, als die Korrektur dieses Irrtums, ist
aber die Erkenntnis, dass die beiden Wörter gerade in dieser
Zusammenstellung gebräuchlich gewesen sein müssen. Schon
Clavis ³ 455 citiert für diese Verbindung Plut. *mor.* p. 769 C.
Hierzu kommt eine Grabschrift aus Pergamon, die ich wegen
ihrer schlichten Schönheit ganz hierhersetzen möchte, Perg.
604 (etwa Zeit des Hadrian):

Ἰούλιος Βάσσος
Ὀτακιλίᾳ Πώλλῃ
τῇ γλυκυτάτῃ
[γ]υναικί, φιλάνδρ[ῳ]
καὶ φιλοτέκνῳ,
συνβιωσάσῃ
ἀμέμπτως
ἔτη λ'.

---

[1] HC III 1 (1891) 209.

Ahnlich rühmt eine Inschrift der Kaiserzeit aus Paros CIG 2384[1] eine Frau als φίλανδρον καὶ φιλόπαιδα. Dass gerade eine solche Verbindung leicht volkstümlich werden konnte, bedarf nicht des Nachweises.

τὸ αὐτὸ φρονεῖν.

Diese Formel und ähnlich gebildete andere, die dem Apostel Paulus geläufig sind, hat man auch aus Herodot und anderen Autoren belegt.[2] Dass sie auch in dem volkstümlichen Sprachgebrauche lebendig waren, lässt die Grabschrift IMAe 149 (Rhodos, 2. Jahrh. v. Chr.) vermuten, wo es von zwei Ehegatten heisst ταὐτὰ λέγοντες ταὐτὰ φρονοῦντες ἤλθομεν τὰν ἀμέτρητον ὁδὸν εἰς Ἀίδαν.

6. Seltenere Wörter, Bedeutungen und Konstruktionen.

ἄδολος.

Zu 1 Pe. 2: ὡς ἀρτιγέννητα βρέφη τὸ λογικὸν ἄδολον γάλα ἐπιποθήσατε bemerkt E. KÜHL[1], das zweite Attribut ἄδολος passe nicht mehr zu dem bildlichen γάλα, sondern nur zu dem darunter gemeinten Worte Gottes. BU 290₁₈ (Faijûm, 150 n. Chr.) macht es jedoch wahrscheinlich, dass man von der Milch recht wohl dieses Adjektivum gebrauchen konnte; es steht hier neben καθαρός vom *unverfälschten* Weizen. Das Attribut braucht also nicht bloss mit Bezug auf die Deutung des Bildes, auch nicht bloss mit Rücksicht auf πάντα δόλον Vers 1 gewählt zu sein.

ἀμετανόητος.

Clavis³ 21 nur aus Lucian *Abdic.* 11 nachgewiesen; THAYER 32 fügt hinzu Philo *De praem. et poen.* § 3 (M. p. 410). PER CCXVI₆ (Faijûm, 1./2. Jahrh. n. Chr.) steht das Wort passivisch von einem Verkauf (κυρίαν καὶ βεβαίαν καὶ ἀμετανόητον).

---

[1] Ich citiere nach FRÄNKEL S. 184.
[2] Vergl. A. H. FRANKE zu Phil. 2₂ (MEYER IX⁴ [1886] 84).
[3] MEYER XII⁴ (1897) 136.

ἀπόκριμα.

Zu dem offenbar sehr seltenen Worte 2 Cor. 1₉, Clavis⁸ 43 nur bei Joseph. *Antt.* 14, 10, 6 nachgewiesen, trägt THAYER 63 Polyb. *excpt. Vat.* 12, 26ᵇ, 1 nach; an beiden Stellen ist ein officieller *Bescheid* gemeint. So steht das Wort auch in der wegen ihrer zeitlichen Nähe für die Paulusstelle besonders beachtenswerten Inschrift IMAe 2₄ (Rhodos, 51 n. Chr.), wo sich τὰ εὐκταιότατα ἀποκρίματα jedenfalls auf günstige *Entscheidungen* des Kaisers Claudius bezieht.

ἀρκετός.

Ausserhalb des N. T. seither nur aus Chrysipp (bei Athen. 3, 79 p. 113 b) nachgewiesen; steht auch in den Faijûmer Papyri BU 531 II ₄ (2. Jahrh. n. Chr.) und 33 ₅ (2./3. Jahrh. n. Chr.).

ἀσπάζομαι.

In der Bedeutung *seine Aufwartung machen* (Act. Ap. 25₁₃, Joseph. *Antt.* 1, 19, 5; 6, 11, 1) auch in den Faijûmer Papyri BU 347 I₃, II₃ (171 n. Chr.) und 248₁₃ (2. Jahrh. n. Chr.).

βαστάζω.

Zu der Spezialbedeutung¹ *furtim sepono* Joh. 6₁₂ geben die Faijûmer Papyri eine Anzahl neuer Belege: BU 361 III₁₀ (Ende des 2. Jahrh. n. Chr.), 46₁₀ (193 n. Chr.), 157₈ (2./3. Jahrh. n. Chr.). Die beiden letzten Urkunden sind Strafanträge wegen Diebstahls.

βιάζομαι.

Ohne in die Debatte über Matth. 11₁₂ und Luc. 16₁₆ eintreten zu wollen, möchte ich folgendes nur konstatieren. CREMER⁸ 215 meint, es lasse sich »erweislich« machen, dass das Wort bei Matthäus als Passivum gefasst werden müsse: »Als Depon. würde es durchaus keinen Sinn geben, da βιάζεσθαι ohne Object oder einen Ersatz des-

---

¹ Auch die allgemeinere Bedeutung *aufero* findet sich BU 388 II ₄ (Faijûm, 2./3. Jahrh. n. Chr.).

selben wie πρόσω, εἴσω durchaus nicht gesagt werden kann u. nicht gesagt wird[1]...; es ist kein selbständiger Begriff, etwa = *Gewalt üben, gewaltsam auftreten*. Wenigstens würde unsere Stelle, so viel ersichtlich, der einzige Beleg für eine solche Bedeut. sein.« Dem gegenüber ist auf die inschriftlichen Bestimmungen des Lykiers Xanthos für das von ihm gegründete Heiligtum des Men Tyrannos CIA III 74[2] vergl. 73 (gefunden bei Sunion, nicht älter als die Kaiserzeit) zu verweisen, wo βιάζομαι zweifellos medial und absolut steht. Nachdem die kultischen Reinigungen genau angegeben sind, deren Vollzug die Bedingung des Eintritts in den Tempel ist, heisst es weiter, opfern dürfe niemand in dem Tempel ἄνε[υ] τοῦ καθειδρυσαμένου"« τὸ ἱερόν, soll wohl heissen *ohne Erlaubnis vonseiten des Stifters des Tempels*; ἐὰν δέ τις βιάσηται, fährt das Statut fort, ἀπρόσδεκτος[3] ἡ θυσία παρὰ τοῦ θεοῦ, *wenn aber jemand gewaltsam auftritt* oder *eindringt, dessen Opfer ist nicht angenehm dem Gotte*. Denen, die dagegen alle Vorschriften korrekt erfüllen, wünscht der Stifter nachher: καὶ εὐείλατος""[4] γένοι(τ)ο ὁ θεὸς τοῖς θεραπεύουσιν ἁπλῇ τῇ ψυχῇ. Dieser Gegensatz ist charakteristisch für die Bedeutung des βιάσηται.

διετία.

Nur aus Philo belegt; THAYER 148 fügt den *Graecus Venetus* von Gen. 41₁, 45₆ hinzu. Das Wort (Act. Ap. 24₁₇, 28₃₀) steht auch BU 180₇ (Faijûm, 172 n. Chr.) und Perg. 525₁₃ (nach 217 n. Chr.).

δοκίμιος.

Ein Wort der griechischen Bibel, dem die Papyri wieder zum Leben verhelfen, nachdem die Exegeten es nahezu erwürgt hatten. Zu den Stellen Jac. 1₃ τὸ δοκίμιον ὑμῶν τῆς πίστεως κατεργάζεται ὑπομονήν und 1 Pe. 1₇ ἵνα τὸ δοκίμιον ὑμῶν τῆς

---

[1] Von CREMER gesperrt.
[2] = DITTENBERGER, *Sylloge* No. 379. Vergl. oben S. 44 zu καθαρίζω.
[3] Vergl. das Contrarium εὐπρόσδεκτος, ebenfalls vom Opfer, Rom. 15₁₆ und 1 Pe. 2₅, wie θυσία δεκτή Phil. 4₁₈ und schon LXX.
[4] Neuer Beleg zu diesem Worte, vergl. Bibelstudien 119.

πίστεως πολυτιμότερον χρυσίου τοῦ ἀπολλυμένου διὰ πυρὸς δὲ δοκιμαζομένου εὑρεϑῇ εἰς ἔπαινον καὶ δόξαν καὶ τιμὴν ἐν ἀποκαλύψει Ἰησοῦ Χριστοῦ wird gewöhnlich behauptet, τὸ δοκίμιον sei gleich τὸ δοκιμεῖον das *Prüfungsmittel*. Sprachlich möglich ist diese Annahme; ich sehe allerdings keinen Grund, weshalb dann immer δοκίμιον und nicht δοκιμῖον accentuiert wird. Aber sachlich unterliegt sie schweren Bedenken. Auch ihre eingehende Verteidigung an der Petrusstelle durch E. Kühl [1] kann mir über das Gefühl nicht hinweghelfen, dass der apostolische Gedanke dann geschraubt und unklar, um nicht zu sagen unverständlich ist. So erklärt es sich denn auch, dass die meisten Ausleger nach einer anderen Bedeutung des Wortes suchen, die in den Zusammenhang einigermassen passt; so dekretiert z. B. *Clavis*⁸ 106 zu Jac. 1₈ *exploratio* und zu 1 Pe. 1₇ *Bewährung*, zwei Bedeutungen, die das Wort sonst niemals hat und wohl auch nicht haben kann. Die ganze Schwierigkeit der Sachlage ist aber erst durch die Exegeten geschaffen worden, die das Wort fast sämtlich verkannten. Nur Schott und Hofmann haben das Richtige vermutet, indem sie, wie ich aus Kühl 88 sehe, in δοκίμιον das Neutrum eines Adjectivums ahnten.[2] Dazu bemerkt Kühl unter Verweis auf Winer[7] 220, diese Erklärung erledige sich damit, dass δοκίμιον nicht Adjectivum sei, sondern reines Substantivum, und im Winer steht: »ein Adjectiv δοκίμιος giebt es nicht.« Gewiss, δοκίμιος »giebt es nicht«, nämlich in den Lexicis; auch Schott und Hofmann werden es nicht haben belegen können. Die Faijûmer Urkunden der Sammlung des Erzherzogs Rainer helfen indessen diesem Mangel ab. In dem Versatzschein PER XII₆ᶠ. (93 n. Chr.) werden goldene Spangen genannt *im Gewichte von 7¹/₂ Minen guten Goldes* (χρυσοῦ δοκιμίου); der Heiratskontrakt XXIV₈ (136 n. Chr.) zählt unter der Aussteuer der Braut Schmuckgegenstände im Werte von *13 Vierteln guten Goldes* (χρυσοῦ δοκιμείου ⁿᶜ) auf, ein Fragment desselben Kontraktes, XXVI,

---

[1] Meyer XII⁶ (1897) 87 ff.

[2] Auch Tholuck, Beiträge zur Spracherklärung des Neuen Testaments, Halle 1832, 45 spricht unter Verweis auf Wahl diese Vermutung aus; ein Beleg steht ihm nicht zugebote.

schreibt Zeile ₅ [χρυσ]ίου [δοκ]ιμίου und ₉ [χρ]υ[σ]οῦ [δ]οκι-
[μ]είου ⁶⁶, ähnlich die Fragmente eines Heiratskontraktes XXIII ₄
(Zeit des Antoninus Pius) [χρυσίου] δοκειμείου ⁶⁶, XXII₈ (Zeit
des Antoninus Pius) [χρυ]σίου δο[κιμίου] und XXI₁₂ (230 n. Chr.)
[χρυσοῦ] δοκιμίου. Über die Bedeutung dieses δοκίμιος kann
ein Zweifel nicht obwalten. Zudem sind wir in der günstigen
Lage, dass ein Papyrus selbst Auskunft darüber erteilt. Der
Heiratskontrakt PER XXIV ist auch in einer Abschrift erhalten,
und diese, PER XXV, schreibt Zeile ₄ χρυσίου δοκίμου statt
des χρυσοῦ δοκιμείου der Vorlage. Da wird δοκίμου kaum ein
Schreibfehler sein, sondern eine leichte, für den Sinn ebenso
unwesentliche Variante, wie χρυσίου statt χρυσοῦ: δοκίμιος hat
die Bedeutung von δόκιμος *erprobt, anerkannt*, das ja ebenfalls
gerade von Metallen gebraucht wird im Sinne von *giltig, voll-
giltig, echt* (z. B. LXX Gen. 23₁₆ ἀργυρίου δοκίμου, ebenso
1 Chron. 29₄, 2 Chron. 9₁₇ χρυσίῳ δοκίμῳ, näheres bei
CREMER⁸ 335 f.).

Nach alledem muss das Adjectivum δοκίμιος *erprobt, echt*
anerkannt werden, und ohne Bedenken wird man es an den
beiden neutestamentlichen Stellen annehmen dürfen.[1] τὸ δοκίμιον
ὑμῶν τῆς πίστεως ist die überaus häufige klassische Konstruktion des substantivierten Neutrums eines Adjectivums mit
folgendem Genetiv (oft eines Abstractums), die wir im Neuen
Testament namentlich bei Paulus finden.[2] Ein fast kongruentes
Beispiel ist 2 Cor. 8₈ τὸ τῆς ὑμετέρας ἀγάπης γνήσιον.[3] Ich
würde an beiden Stellen übersetzen *was echt ist an euerem
Glauben*. Luthers Übersetzung der Jakobusstelle *euer Glaube,*

---

[1] Höchstwahrscheinlich hat es noch der Grieche Oecumenius hier als
Adjectivum verstanden; er erklärt δοκίμιον τὸ κεκριμένον λέγει, τὸ δεδο-
κιμασμένον, τὸ καθαρόν (TISCHENDORF zu Jac. 1₃). Auch der Ersatz des
δοκίμιον durch δόκιμον in einigen Minuskeln an beiden neutestamentlichen Stellen (wie in unserer Papyrusurkunde PER XXV₄) spricht dafür,
dass griechische Abschreiber noch spät das Wort verstanden haben. —
Die Bildung des Wortes ist klar; δοκίμιος kommt von δόκιμος wie
ἐλευθέριος von ἐλεύθερος, καθάριος von καθαρός.
[2] Vergl. zuletzt BLASS, Gr. S. 151 f.
[3] Vergl. oben S. 78 *sub* τὸ γνήσιον.

so er rechtschaffen ist muss als durchaus zutreffend bezeichnet werden. Alle Unklarheit auch der Petrusstelle schwindet auf diese Weise: *damit, was echt ist an euerem Glauben, als wertvoller erfunden werde denn Gold — das trotz seiner Vergänglichkeit sich im Feuer als echt bewährt — zu Lob und Ruhm und Ehre in der Offenbarung Jesu Christi.* Näher in die exegetische Debatte einzutreten möchte ich hier unterlassen; die vorgetragene Erklärung muss sich selbst rechtfertigen.

Die Märtyrerakten unseres Wortes sind damit freilich noch nicht geschlossen. Auch bei den LXX haben die Ausleger nichts von ihm wissen wollen; es wurde unterdrückt, indem man an zwei Stellen das überlieferte δοκίμιον identificierte. Nach *Clavis*[2] 106 z. B. steht δοκίμιον = δοκιμεῖον LXX Prov. 27,21 und Ps. 11 [hebr. 12],7 vom *Schmelztiegel*, nach KÜHL 87 bedeutet es hier wie überall *Prüfungsmittel*. Nun ist Prov. 27,21 δοκιμιον ἀργυρίῳ καὶ χρυσῷ πύρωσις gewiss δοκιμῖον (oder δοκίμιον?) als Substantivum zu fassen; freilich bedeutet es nicht *Schmelztiegel*, obwohl dies der Sinn der Vorlage ist, ebensowenig wie πύρωσις *Ofen* bedeutet trotz der Vorlage. In der Übersetzung ist der Sinn der Vorlage vielmehr geändert. Wie der Satz dasteht, kann er nur so verstanden werden: *Prüfungsmittel für Silber und Gold ist die Glut,* so allein versteht man auch die Pointe des Nachsatzes. — Ganz anders liegen die Dinge Ps. 11 [12],7 τὰ λόγια κυρίου λόγια ἁγνὰ ἀργύριον πεπυρωμένον δοκίμιον τῇ γῇ κεκαθαρισμένον ἑπταπλασίως. Der Sinn der Vorlage von δοκιμιον τῇ γῇ ist vielumstritten. Dem δοκιμιον entspricht das etymologisch rätselhafte עֲלִיל (*Schmelztiegel? Werkstatt?*), und τῇ γῇ ist einem לָאָרֶץ nachgebildet, dessen grammatische Beziehung ebenfalls nicht sicher ist. Für unsere Frage kann die Lösung dieser Schwierigkeiten übrigens auf sich beruhen; in jedem Falle ist vom Übersetzer auch hier der Sinn geändert, denn weder *Schmelztiegel* noch *Werkstatt* kann das griechische Wort bedeuten. Man muss sich also mit dem griechischen Satze abfinden, so gut es geht. Fasst man nun mit KÜHL δοκιμιον substantivisch gleich *Prüfungsmittel*, was δοκιμῖον (oder δοκίμιον?) an sich bedeuten kann, so lautet der Satz: *die Worte des Herrn sind lautere Worte, durch Feuer geläutertes Silber, ein siebenfach gereinigtes Prüfungsmittel für die Erde* (oder *für das Land?*) — das wäre noch die glimpflichste Übersetzung[1], aber was ist damit anzufangen? Einen erträglichen Sinn ergibt nur die adjektivische Fassung von δοκίμιον: *die Worte des Herrn sind lautere Worte, durch Feuer geläutertes echtes Silber für das Land, siebenfach gereinigtes*. Die Heiligen haben abgenommen, Falschheit und Trug machen sich breit, aufgekommen ist ein grosssprecherisches Geschlecht; da verheisst Jahve Hilfe den Elenden, und mitten in aller Untreue sind seine Worte der lautere, bewährte Hort des Landes. So etwa fügt sich der Satz in den Gedankengang des griechischen Psalms ein.

Auch die Überlieferung der LXX endlich gewährt noch Zeugnisse für die Existenz unseres Adjectivums. 1 Chron. 29₄ bietet B^{ab} statt. ἀργυρίου δοκίμου die Lesart ἀργυρίου δοκιμίου. Dieselbe Vertauschung von δόκιμος und δοκίμιος, die uns aus den Papyri und den neutestamentlichen Handschriften bereits bekannt geworden ist, zeigt Sach. 11₁₃: für δόκιμον bieten א^{c. a rd} Q* (Marchalianus, 6. Jahrh. n. Chr., Ägypten) δοκίμιον, Q^a δοκίμειον.

ἐκτένεια, ἐκτενῶς.

Die ethische Bedeutung *Beharrlichkeit* (2 Macc. 14₈₈, 3 Macc. 6₄₁, Judith 4₉, Cic. *ad Attic.* 10, 17, 1, Act. Ap. 26₇) findet sich auch IMAe 1032₁₀ (Karpathos, 2. Jahrh. v. Chr.) τὰν πᾶσαν ἐκτένειαν καὶ κακοπαθίαν παρεχόμενος. Entsprechend steht ἐκτενῶς Zeile ₈ derselben Inschrift.

ἴσθησις.

Zu Act. Ap. 1₁₀, Luc. 24₄ A etc. nur spärlich nachgewiesen; vergl. BU 16 R₁₂ (Faijûm, 159/160 n. Chr.) χρω[μ]ένου ἱεραῖς ἰσθήσεσι.[2]

---

[1] τῇ γῇ könnte auch als instrumentaler Dativ zum Verbum gezogen werden; aber dann wird der Satz noch orakelhafter. — Die Andeutung von Cremer⁸ 340 am Ende des Artikels δοκίμιον habe ich nicht verstanden.

[2] Verbesserte Lesung Nachtrag S. 395.

κακοπάϑεια resp. κακοπαϑία.

Clavis[8] 222 gibt für das gewöhnlich κακοπάϑεια geschriebene Wort Jac. 5,10 nur die Bedeutung *vexatio, calamitas, aerumna* an, und BEYSCHLAG[1] weist die Bedeutung *vexationum patientia* ausdrücklich ab. Wenn CREMER[8] 749 die Stelle ebenso unter *Leiden, Mühsal, Unglück* registriert, so kann das nur ein Versehen sein; denn er bringt sie drei Zeilen später auch unter der anderen Bedeutung *Ertragen des Leidens*. Für diese spricht der Zusammenhang (wiewohl ich es nicht für unmöglich halten kann, dass Jakobus auch gesagt hätte *nehmt euch ein Beispiel im Leiden und Dulden an den Propheten*). Nach den Angaben der *Clavis* könnte es scheinen, als sei das Wort in diesem Sinne nicht zu belegen. Aber zu den von CREMER citierten Stellen 4 Macc. 9,8 und Plut. *Num*. 3,5 kommen inschriftliche Belege. IMAe 1032,10 (Karpathos, 2. Jahrh. v. Chr.) τὰν πᾶσαν ἐκτένειαν καὶ κακοπαϑίαν παρεχόμενος ergibt sich die Bedeutung aus der Zusammenstellung mit ἐκτένεια, ähnlich Perg. 252,16 f. (frührömische Zeit, also nach 133 v. Chr.) τῶν τε ἐκκομι[δῶν] ἐπιμελείᾳ καὶ κακοπαϑίᾳ διει[πὼν τὰ δέοντα πᾶ]σαν ἐπιστροφὴν ἐποήσατ[ο]ⁿⁱᶜ. FRÄNKEL S. 184 übersetzt hier zwar *Mühe*, aber der Zusammenhang ergibt, dass nicht *Mühe* im passiven Sinn von *Mühsal* gemeint ist, sondern das aktive *Bemühung*. Für diese »Abschwächung des Begriffes« citiert FRÄNKEL noch die Ehreninschrift des Gymnasiarchen Menas aus Sestos (DITTENBERGER, *Sylloge* 247) Zeile 4 und 11. W. JERUSALEM[2] bemerkt zu diesen Stellen aus der Inschrift von Sestos (ca. 120 v. Chr.), das Wort bedeute ursprünglich »natürlich« *Erleiden von Unglück*, in der Inschrift aber allgemeiner *Anstrengung, Ausdauer*, welche Bedeutung auch in gleichzeitigen Inschriften begegne und bei Polybios viel häufiger sei, als die gewöhnliche.

Man wird vielleicht einwenden, es seien eben zwei verschiedene Wörter mit verschiedener Bedeutung. Aber selbst zugegeben, dass κακοπαϑία eine andere Bildung ist als κακοπά-

---

[1] MEYER XV⁴ (1888) 222.
[2] Wiener Studien I (1879) 47.

θεια¹, so ist doch immer noch die Frage, ob Jac. 5₁₀ das herkömmliche κακοπαθείας nicht etwa doch itacistische Schreibung von κακοπαθίας ist. Ich möchte mich mit WESTCOTT und HORT für diese Möglichkeit entscheiden und κακοπαθίας schreiben (so B* und P).

κατάκριμα.

Das seltene Wort ist ausser Rom. 5₁₆.₁₈, 8₁ nur Dion. Hal. 6, 61 nachgewiesen. Um so weniger dürfen folgende Stellen übersehen werden. In dem Kaufvertrag PER I (Faijûm, 83/84 n. Chr.) heisst es Zeile 15 f. von einem Grundstücke, es werde dem Käufer übergeben werden καθαρὰ ἀπὸ παντὸς ὀφειλήματος ἀπὸ μὲν δημοσίων τελεσμάτων (16) πάντων καὶ [ἑτέρων εἰ]δῶν καὶ ἀρταβίων² καὶ ναυβίων καὶ ἀριθμητικῶν καὶ ἐπιβολῆς κώμης καὶ κατακριμάτων πάντων καὶ παντὸς εἴδους, ähnlich Zeile 21 f. καθαρὰ ἀ[πὸ] δημοσίων τελεσμάτων καὶ ἐπι[γρ]αφῶν πασῶν καὶ ἀρταβίων καὶ ναυβίων καὶ ἀριθμητικοῦ (22) [καὶ ἐπιβ]ολῆς κ[ώμης καὶ κατακριμάτ]ων πάντων καὶ παντὸς εἴδους. Entsprechend steht in dem Kaufvertrag PER CLXXXVIII 14f. (Faijùm, 105/106 n. Chr.) καθαρὰ ἀπὸ μὲν δημοσίων τελεσμάτων πάντων καὶ ἐπιγραφῶν πασῶν (15) ...... ἐπιβολῆς κώ[μ]ης καὶ [κατα]κ[ρι]μάτων πάντων καὶ π[αντ]ὸς εἴδους. Offenbar steht κατακρίματα an diesen Stellen in einem technischen Sinne; es müssen irgend welche Belastungen eines Grundstückes gemeint sein. WESSELY übersetzt die erste Stelle so: *frei von jeder Geldschuld, frei von allen Rückständen der öffentlichen Umlagen aller Art, der Artaben-, Naubien- und Evidenzhaltungssteuern, der Zuschläge der Ortsgemeinde, kurz allen Zahlungen jeder Art*; Zeile 22 desselben Papyrus gibt er [κατακριμάτ]ων durch *Steuern* wieder. Ob diese Übersetzungen richtig sind, möchte ich bezweifeln, ohne freilich selbst imstande zu sein, das Wort sicher zu erklären. Ich vermute jedoch, dass es eine durch ein richterliches Urteil erfolgte Belastung, eine *Servitut* bezeichnet. Vielleicht darf

---

¹ Näheres bei WINER-SCHMIEDEL § 5, 13 c (S. 44 f.).
² So, nicht ἀρταβιωτ[...] ist auch BU 233 ₁₁ zu lesen.

man übersetzen *gerichtliche Belastung*. In der Konsequenz dieses Gebrauches scheint mir die von früheren Lexikographen angenommene, von *Clavis*[2] und CREMER[3] nicht mehr berücksichtigte Bedeutung *poena condemnationem sequens* besonders Rom. 8₁ zu liegen, vgl. Hesychius κατάκριμα· κατάκρισις, καταδίκη.

μαρτυροῦμαι.

Im Sinne eines Ehrentitels *wohl bezeugt sein* steht das Wort, namentlich das Participium, oft in der Apostelgeschichte und anderen altchristlichen Schriften; ebenso schon IMAe 832₁₆ (Rhodos, vorchristlich?) von einem Athenepriester μαρτυρηθέντα καὶ στεφανωθέντα, 2₁₄ (Rhodos, 51 n. Chr.) καὶ μαρτυρηθέντων τῶν ἀνδρῶν jedenfalls in demselben Sinne. Auch in Palmyra finden wir diesen Ehrentitel: WADDINGTON 2606a (2. Hälfte des 3. Jahrh. n. Chr.) heisst es von einem Karawanenführer μαρτυρηθέντα ὑπὸ τῶν ἀρχεμπόρων.[1] Die Konstruktion mit ὑπό steht hier wie Act. Ap. 10₂₂, 16₂, 22₁₂. Ebenso in der Inschrift aus Neapel IGrSI 758 10 f. (2. Hälfte des 1. Jahrh. n. Chr.) μεμαρτυρημένον ὑφ' ἡμῶν διά τε τὴν τῶν τρόπων κοσμιότητα.

μετὰ καί.

Zu dem späten pleonastischen καί nach μετά Phil. 4₃[3] vergleicht BLASS[3] mit Recht σὺν καί Clem. 1 Cor. 65₁. In den Papyri ist mir für μετὰ καί nur BU 412 6 f. (4. Jahrh. n. Chr.) aufgefallen; σὺν καί dagegen steht öfter, so in den Faijûmer Papyri BU 179 10 (Zeit des Antoninus Pius)[4], 515 11 (193 n. Chr.), 362 VI 10 (215 n. Chr.).

ὀψώνιον.[5]

Stellen, die älter sind als Polybius († 122 v. Chr.), werden für die Bedeutung *Sold* in der *Clavis*[2], auch bei THAYER, nicht angegeben; erst wenn man, ihrem Hinweise folgend, bei STURZ,

---

[1] Ich citiere nach MOMMSEN, Römische Geschichte V⁴, Berlin 1894, 429.
[2] Bibelstudien 58 Anm. 2.
[3] Gr. des Neutest. Griechisch 257.
[4] Berichtigte Lesung Nachtrag S. 357.
[5] Bibelstudien 145 f.

De dial. mac. 187 nachschlägt, findet man, dass nach Phrynichus bereits der Komiker Menander († 290 v. Chr.) das Wort so gebraucht haben soll. Bald darauf ist es in dem inschriftlich erhaltenen Vertrage des Königs Eumenes I. mit seinen Söldnern Perg. 13 ₇. ₁₈. ₁₄ (bald nach 263 v. Chr.) mehrfach zu lesen, immer im Singular. Man beachte Zeile ₇ die Verbindung ὀψώνιον λαμβάνειν wie 2 Cor. 11 ₈. In den Papyri wird der Singular vom *Soldatensold* gebraucht BU 69 ₈ (Faijûm, 120 n. Chr.), vom *Lohn* der ὑδροφύλακες 621 ₁₂ (Faijûm, 2. Jahrh. n. Chr.), vom *Lohn* des Weinbergsschützen 14 V ₂₀ (Faijûm, 255 n. Chr.), der Plural vom *Lohn* eines anderen Arbeiters ebenda VI ₇; an der Stelle III ₂₇ steht das Wort ebenso, aber abgekürzt, so dass man nicht erkennt, ob der Singular oder der Plural gewählt war.

πάρεσις.

Zu der für Rom. 3 ₂₅ wichtigen Bedeutung *Erlass* bemerkt CREMER[8] 467, das Wort komme so nur bei Dion. Hal. *Antt. Rom.* 7, 37 vor, wo es *Straferlass* bedeute. Im Sinne von *Erlass einer Schuld* (vergl. Zeile ₁₉ ἱερᾶς μὴ ἀμέλει ὀφιλῇ[ς] ʳⁱᶜ) steht es wahrscheinlich BU 624 ₂₁ (Faijûm, Zeit des Diokletian); es kann sich hier jedoch um einen zeitweiligen Erlass handeln. Der Sinn ist mir bei der knappen, an technischen Ausdrücken reichen Redeweise nicht völlig klar.

πατροπαράδοτος.

Die seither bekannten spärlichen Belege für das Wort 1 Pe. 1 ₁₈ sind zu erweitern durch Perg. 248 ₄₉ (135/134 v. Chr.): Attalos III. schreibt in einem Briefe an Rat und Volk von Pergamon, seine Mutter Stratonike habe τὸν Δία τὸν Σαβάζιον πατροπαράδοτον[1] nach Pergamon gebracht.

σμαράγδινος.

Von *Clavis*[3] ausser Apoc. Joh. 4 ₃ überhaupt nicht nachgewiesen. THAYER fügt Lucian hinzu. PER XXVII ₈ (Faijûm,

---

[1] Stratonike stammte aus Kappadokien (FRÄNKEL S. 170).

190 n. Chr.) steht das Wort als Epitheton eines Frauengewandes, *smaragdgrün*.

τήρησις.

Wie Act. Ap. 4**s**, 5**is** vom *Gefängnis* auch BU 388 III**7** (Faijûm, 2./3. Jahrh. n. Chr.) ἐκέλευσεν Σμάραγδον καὶ Εὔκαιρον εἰς τὴν τήρησιν παραδοθῆναι.

τόπος.

Zu Act. Ap. 1**25** λαβεῖν τὸν τόπον τῆς διακονίας ταύτης καὶ ἀποστολῆς vergleicht WENDT[1] Sap. Sir. 12**12**. An dieser Stelle ist allgemein von dem *Platz* die Rede, den ein Mensch im Leben einnimmt. Instruktiver, weil es sich hier ebenfalls um eine *Stelle* innerhalb eines fest geschlossenen Kreises handelt, ist der technische Gebrauch des Wortes in einer Weihung der aus 35 oder 33 Mitgliedern bestehenden pergamenischen Genossenschaft der ὑμνῳδοὶ θεοῦ Σεβαστοῦ καὶ θεᾶς Ῥώμης Perg. 374 B 21**ff**. (Zeit des Hadrian) τοῖς δὲ ἀν[α]παυομένοις εἰς λίβανον προχρήσει ὁ ἄρχων (δηνάρια) ιε΄, ἃ ἀπολήψεται παρὰ τοῦ εἰς τὸν τόπον αὐτοῦ εἰσιόντος.[2] FRÄNKEL S. 266 übersetzt: »Zu Weihrauch für die Verstorbenen soll der Beamte (der Eukosmos) 15 Denare vorschiessen, welche er von dem an Stelle des Toten in den Verein Eintretenden zurück erhalten soll.«

Zu τόπος vom *Sitzplatz* Luc. 14**10** vergl. Perg. 618 (Zeit?), wo τόπος wahrscheinlich den *Theaterplatz* bezeichnet; als sichere Fälle dieses Gebrauchs nennt FRÄNKEL S. 383 CIG 2421 = LEBAS II 2154 (Naxos); LEBAS 1724 e (Myrina) unter Verweis auf BOHN-SCHUCHHARDT, Altertümer von Aegae S. 54 No. 7.

---

[1] MEYER III⁶⸍⁷ (1888) 52.
[2] FRÄNKEL S. 267 bemerkt dazu, dass εἰσιέναι εἰς τὸν τόπον stehe wie εἰσιέναι εἰς ἀρχήν (z. B. Rede g. Neaira 72, Plutarch *Praec. ger. reip.* 813 D). Ἀρχή steht ebenso Judas 6 cf. LXX Gen. 40**11**.

Abkürzungen.

Bibelstudien S. VII.
BLASS, Gr. S. 2.
BU S. 7.
A. BUTTMANN S. 29.
CIA = *Corpus Inscriptionum Atticarum.*
CIG = *Corpus Inscriptionum Graecarum.*
CIL = *Corpus Inscriptionum Latinarum.*
Clavis[1] S. 4.
CREMER[2] S. 4.
DITTENBERGER = GUIL. D., *Sylloge inscriptionum Graecarum, Lipsiae 1883.*
FLECK. Jbb. = FLECKEISEN's Jahrbücher.
FRÄNKEL S. 6.
GGA = Göttingische gelehrte Anzeigen.
HApAT = Kurzgefasstes exegetisches Handbuch zu den Apokryphen des A. T., 6 Bde., Leipzig 1851—60.
HC = Hand-Commentar zum N. T.
IGrSI S. 28.
IMAe S. 6.

KENNEDY S. 40.
LEBAS = PH. LEBAS *et* W. H. WADDINGTON, *Inscriptions grecques et latines recueillies en Grèce et en Asie Mineure.*
MEYER = H. A. W. MEYER, Kritisch-exegetischer Kommentar über das N. T.
Notices XVIII 2 S. 29.
PER S. 7.
Perg. S. 6.
THAYER S. 4.
ThLZ = Theologische Literaturzeitung.
TU = Texte und Untersuchungen zur Gesch. d. altchristl. Literatur.
WADDINGTON, siehe LEBAS.
WINER-LÜNEMANN oder WINER[7] = G. B. WINER, Grammatik des neutestamentlichen Sprachidioms, 7. Aufl. von G. LÜNEMANN, Leipzig 1867.
WINER - SCHMIEDEL = dasselbe Werk, 8. Aufl. neu bearbeitet von P. W. SCHMIEDEL, I, Göttingen 1894; II 1, 1897.

Indices.

(Die Zahlen sind Seitenzahlen.)

L

α wechselnd mit ε 10.
-α, -ας im Imperfekt 19.
Ἀβραάμ 15.
Ἀβραάμιος 15.
Ἀβραμος 15.
ἀγάπη 26 ff.
ἀγγαρεύω 10.
ἄγω 18.
ἄδολος 84.
εἰς ἀθέτησιν 55 f.
— — καὶ ἀκύρωσιν 55 f.
ἀθέτησις 55 f.
ἀκατάγνωστος 28 f.
Ἀκύλας, -α 15.
—, -ου 15.
Ἀκύλλας 15.
ἀλαβάρχης 12.
ἀλαβών 11 f.
ἀλλοτριοεπίσκοπος 51.
ἁμαρτία 52.
ἁμαρτίαν ὀφείλω 52.
ἀμετανόητος 84.
-αν für -ασι 19.
ἄν ersetzt durch ἐάν 30 ff.
ἀναγέγραπται 77 f.
ἀναπέμπω 56.
ἀναστρέφομαι 22.
ἀναστροφή 22.
ἀνδιδοῦντα 20.
ἀνδραλογία (?) 47.

ἀνδραφονέω (!) 47.
ἀνδρολογεῖον 47.
ἀνδρολογία 46 f.
ἄνεμοι 75.
ἀνοίγω 17.
ἀντίλημψις 51.
Ἀντίπα[τρο]ς 15.
ἀξίως τοῦ θεοῦ 75 f.
ἀπέχω 56.
ἀπό 24. 44. 54.
ἀποδιδέτω 20.
ἀπόκριμα 85.
ἀπὸ τοῦ νῦν 80 f.
ἀποχή 56.
ἀραβάρχης 12.
ἀραβών 11 f.
Ἀρέθας 11.
ἀρεσκεία 51.
Ἀρέτας 11.
ἀρκετός 85.
ἁρπάζω 18.
ἀρραβών 11 f. 56.
ἀρχή 95.
-ᾶς 16 f.
-ασι für -αν 19.
ἀσπάζομαι 85.

Βαργυλιωτα 17.
Βαρνα 16.
Βαρναβᾶς 15 ff.
Βαρναβοῦς (?) 16.

Βαρνᾶς (?) 16.
Βαρνεβοῦς 16.
Βαρταρᾶς 16 f.
βαστάζω 19. 85.
βεβαιόω 56.
εἰς βεβαίωσιν 56.
βεβαίωσις 56.
βιάζομαι 85 f.

γέγοναν 19.
κατὰ τὸ γεγραμμένον 78.
γέγραπται 77 f.
γενάμενος 18 f.
κατὰ γένεσιν 67.
γενηθείς 12.
γένημα 12.
γενηματογραφέω 12.
γεννάω 12.
γεννηθείς 12.
γέννημα 12.
γενόμενος 18.
γίνομαι 12. 18 f. 19.
τὸ γνήσιον 78.
κατὰ τὰς γραφάς 78.
κατὰ τὴν γραφήν 78.
γράφω 77 f.

Δαλματία 10.
δαλματική 10.
δέδωκες 20. [78
δέησιν, δείσεις ποιοῦμαι

Δελματία 10.
δελματική 10.
δεξιάν δίδωμι 78 f.
——ς δίδωμι 78 f.
δεξιάν λαμβάνειν 79.
——ς λαμβάνειν 79.
Δερματία 10.
διαγέγραπται 78.
διακοίω 57.
δίδι 20.
διδούντος 20.
διδόω 20.
δίδω 20.
διδῶ 20.
δίδωμι 20.
διετία 86.
εἰς τὸ διηνεκές 79.
τὸ δοκιμεῖον 86 ff.
τὸ δοκιμῖον 86 ff.
τὸ δοκίμιον (?) 86 ff.
δοκίμιος 86 ff.
δόκιμος 88 ff.
Δορκάς 17.
δυεῖν 15.
δύνομαι und δύνω für δύναμαι 21.
δύο 15.
δυσί 15.
δύω (Zahlwort) 15.
δυῶν 15.

ε wechselnd mit α 10.
ἐάν 29 ff.
ἐάν mit Indikativ 29 f.
ἐάν für ἄν 3. 30 ff.
ἐῄσταζαν 19.
ἐγγαρεύω 10.
ἐγενάμην 18 f.
ἔγραψες 20.
ἐδείδι 20.
ἔθος 79.
κατὰ τὸ ἔθος 79.

εἰ μάν 36.
εἰ μή 34.
εἰ μή τι ἄν 32.
εἰ (εἰ?) μήν 33 ff.
εἰ μήν 34.
-εία 9 f.
εἰπόσει 30.
εἴρηκες 20.
εἰς 23. 25.
ἐκ τῶν τεσσάρων ἀνέ-
ἐκλικμάω 53. [μων 75.
ἐκτένεια 90.
ἐκτενῶς 90.
ἔλαβα 19.
ἐλαιών 36 ff.
ἔλεγας 19.
ἔλειψα 18.
ἐμμένω (ἐν) πᾶσι τοῖς γεγραμμένοις 76 f.
ἐν 25 f.
ἐνγαρία 10.
ἐνώπιον 40 f.
ἐξέδετο 20.
ἐξέλαβα 19.
ἐξιλάσκομαι 52
ἐξιλάσκομαι ἁμαρτίαν 52.
ἐπῆλθα 19.
ἐπήλθασι 19.
ἐπήλθοσαν 19.
ἐπί 25.
τὸ ἐπιβάλλον μέρος 57.
ἐπιγένησις 12.
ἐπιγέννησις 12.
ἐπιδίδω 20.
ἐπιθυμητής 51.
ἐπικαλούμενος, ὁ 38.
ἐπικεκλημένος, ὁ 38.
ἐπιούσιος 41 f.
ἐπίσκοποι 57 f.
ἐπίσκοπος 57 f.
ἐπιτέτευχα 18.
ἔρχομαι 19.

ἐρωτάω 23 f.
-ες für -ας 20.
ἔσθησις 90.
ἔσχα 19.
ἑτοίμως ἔχω 80.
εὐάρεστος 42.
εὐαρέστως 42.
εὐίλατος 86.
ἔχω 19.

ζ wechselnd mit σ 13.
ζμύρνα 13.
Ζμύρνα 13.
Ζμυρναῖος 13.

ἦ μήν 34 ff.
ἦλθα 19.
ἥμισος 14.
ἡμίσους (Gen.) 14.
ἠνοίγην 17.
ἠνύγη 17.
ἦξα 18.
ἥρηχες 20.
ἡρπάγην 18.

Θαρα 17.
Θαρρα 17.
θεῖος 45.
θεολόγος 58 f.
θεύς 50.
τοῦ θεοῦ θέλοντος etc. 80.
κατὰ θυγατροποιΐαν 67.

ῖ = ιει 10 f.
-ία für -εία 9 f.
ιει = ῖ 10 f.
ἱερατεύω 42 f.
ἱλάσκομαι 52.
ἱλάσκομαι ἁμαρτίας 52.
Ἰσαακ 17.
Ἰσαχ 17.
Ἴσαχος 17.
Ἰωάνης 11.

καθαρίζω 43 f.
καθαρίζω από 44.
καθαρός από τινος 24.48.
καθώς γέγραπται etc.
77 ff.
καί 93.
κακοπάθεια 91 f.
κακοπαθία 91 f.
καλείψη 20.
καλούμενος, ο 38.
καρπόν σφραγίζομαι 65 f.
κατάκριμα 92 f.
κατέλειψα 18.
κατήξα 18.
ή κυριακή (ήμέρα) 45 f.
κυριακός 3. 44 ff.
κύριος 46.
ο κύριος 46.
ο κύριος ήμών 46.
κωμάζω 64.

λαμβάνω 19.
λεγιών 37.
λεγόμενος, ο 38.
λέγω 19.
λείπω 18.
λικμάω 52 f.
λογεία 46 f.
λογία 47.
λούω 53 f.
λούω από 54.

μαρτυρούμαι 93.
μάχω 29.
εκ τού μέσου αίρω 80.
μετά καί 93.
μεταδίδωμι ενώπιον 41.
μετεπιγέγραφαν 19.
μέτοικος 54.
μισθαποχή 56.

νεόφυτος 47 f.
νόμιζμα 13.

ξενολογία 47.

οίδες 20.
οικονομία 74.
ομολογία 77.
κατ' όναρ 81.
κατ' όνειρον 81.
όνομα 24 ff.
εις το όνομά τινος 25.
τώ ονόματι τινος 25 f.
εν τώ ονόματι τινος 25 f.
επ' ονόματος 25.
οπόταν mit Indik. 30. 32.
όταν mit Indikativ 30.
οφειλή 48.
οφείλω 19.
οφείλω αμαρτίαν 52.
οφίλατε 19.
όφιλεν 19.
-ούς 16.
οψώνιον 93.
οψώνιον λαμβάνω 94.

π für ב? 17.
(παθώσω 20.)
παραγενάμενος 18.
παράδετε 20.
παραίτιος αγαθών 81.
παρακατατίθομαι 20.
πάρεσις 94.
παρέχομαι έμαυτόν 81 f.
παρίστημι θυσίαν 82.
πάροικος 54 f.
Παρταρᾶς 16 f.
πατροπαράδοτος 94.
πείν 10 f.
περιπατείν αξίως 22.
από πέρυσι 48 f.
πίν 11.
πίνω 10 f.
πλήθος 59 f.
πράγμα 60.

πράγμα έχω πρός τινα 60.
πρεσβύτεροι 60 ff.
πρεσβύτεροι ιερείς 60 ff.
πρεσβύτερος 60 ff.
κατά τά προγεγραμμένα 78.
προγέγραπται 78.
προεγαμούσαν 19.
μετά πάσης προθυμίας 82.
προσευχή 49 f.
προφήτης 62 ff.

σ wechselnd mit ζ 13.
-σιν für -ν 19.
Σεβ 46.
Σεβαστή 46.
σιφωνολογία 46.
σμαράγδινος 94 f.
Σμύρνα 13.
Σμυρναίος 13.
σουδάριον 50.
σπείρας 14.
σπείρης 14.
σπυρίς 13.
στρατεία 9 f.
στρατία 9 f.
συμβούλιον 65.
εκ συμφώνου 82 f.
σύν καί 93.
συνέσχαν 19.
σφραγίζω 65 f.
σφυρίδιον 13.
σφυρίς 13.
σφυρίτιν 13.

τ für ח 17.
ταμείον 10.
ταμιείον 10.
-ταρα 17.
Ταραθ 17.
τέτευχα 18.

τήρησις 95.
τιθέω 20.
τίθημι 20.
τιθῶ 20.
τίθω 20.
τόπος 95.
τυγχάνω 18.
οὐχ ὁ τυχών 83.
υἱοθεσία 66 f.
καθ' υἱοθεσίαν 67.

οἱ ἐν ὑπεροχῇ ὄντες 83.
ὑπογέγραπται 78.
ὑποπόδιον 50.
ὑποτιθοῦσα 20.

φίλανδρος καὶ φιλότεκνος 83 f.
φιλοπρωτεύω 26.
φρεναπάτης 26.
τὸ αὐτὸ φρονεῖν 84.

χάραγμα 68 ff.
χείρ 79.
τὴν χεῖρα ἐκδίδωμι 79.
τὰς χεῖρας δίδωμι 79.
χειρόγραφον 67.
χωρίζομαι 67 f.

-ών 36 ff.
ὠφείλαμεν 19.

II.

Aorist 18 ff.
Apokalypse des Johannes, Methode der Auslegung 68 ff. — Tier 68 ff. Zeichen des Tieres 68 ff.
Apokope der Präpositionen 20.
Augment 17. 19.

Barnebo 16.
»Biblisches« Griechisch 1 ff.
»Bibliche« Wörter und Konstruktionen 26 ff.
BLASS 1 ff. u. ö.
Buch der Menschheit 1.

Charagma 68 ff.
Clavis⁸ 4 u. ö.
Codd. Sergii? 42.
CREMER, H. 4 ff. u. ö.

Dalmatia 10.
Deklination 14 ff.
Delmatia 10.

Eigennamen 15 ff.
eleon 37.
Episkopen 57 f.

Formelhaftes 19. 22. 24. 25 f. 32. 33 ff. 41. 48. 48 f. 55 f. 57. 75—84.
Formenlehre 14 – 21.

Genossenschaften, Sprachgebrauch 59 f. 95.
GRIMM, W. 4 u. ö.

Hebraismen des N. T. 5. — angebliche 22—26. 33 ff. 40 f. 75. — »unvollkommene« 23.
Herrntag 45 f.

Imperfekt 19.
Inschriften 1 ff. 6 ff. u. ö.

Johannes der Theolog 58 f.
Juden 49 f. 59.
»Judengriechische« Wörter und Konstruktionen 26 ff.
Juristische Ausdrücke 24 ff. 28. 41. 48. 54 f. 55. 56. 57. 58. 59 f. 60. 65. 66 f. 67. 70 ff. 76 f. 77 f. 79. 80 f. 82 f. 84. 85. 92 f. 94.

Kaiserstempel, römische 70 ff.
Kaisertag 45 f.
Kaufverträge der Papyri 70 ff.
Konjugation 18 ff.
Konsonantenwandel 11 ff.

Lexikalisches u. Syntaktisches 22—95.

Makkabäerbücher 7.
mons olivarum 39.
mons oliveti 39.

»Neutestamentliches« Griechisch 1 ff.
»Neutestamentliche« Wörter und Konstruktionen 26 ff.

Ölberg 36 ff.
Orthographisches 9—13. Methodologisches 9. 11 f.

Papyri 1 ff. 7 f. u. ö.
Perfekt 19 f.
Peschito 39.
Präpositionen 20. 23. 24. 25. 40 f. 44. 48 f. 54. 93.
Presbyter 60 ff.
Priester 60 ff.
Propheten 62 ff.
Proseuche 49 f.

Sakrale Ausdrücke 23. 24. 42 f. 43 f. 49 f. 52. 53 f. 57 f. 58 f. 59 f. 60 ff. 62 ff. 75 f. 78. 82. 86.

Scholien, ihr eventueller Wert für die bibl. Philologie 28.
Semitisches in griechischen Inschriften 16. 17.
Semitismen, siehe Hebraismen.
Septuaginta 1. 7. 27. 30. 33 ff. 89 f. u. ö.
Sonntag 45 f.
Spätgriechisch 1 ff.
Synagoge 49 f.
Syntaktisches 23 ff.

Technische Ausdrücke 55—75. 82. 85. 92. 94. 95 (siehe auch Formelhaftes).
Thayer 4 u. ö.
das Tier der Apoc. Joh. 68 ff.

Verbum 17 ff.
Vokalwandel 9 ff.
Vulgata 38 f. 53.

das Zeichen des Tieres der Apoc. Joh. 68 ff.

III.[1]

Papyri.
Berliner Aegyptische Urkunden
(die Nachträge sind nach Möglichkeit beachtet).

1 11	13	71	10	13 10	32
— 15	45	8 I 22	12	14 III 17	94
3 24	19	— II 20	10	— V 22	94
5 II 18 f.	56	13 9	81	— VI 7	94

[1] Die Scheu vor einem Stellenindex habe ich dieses Mal überwunden. Der Benutzer mache sich aber auf Enttäuschungen gefasst. Die citierten Stellen aus klassischen Autoren sind nicht aufgeführt, da sie nur aus den Wörterbüchern übernommen sind; auch die aus zweiter Hand citierten Inschriften sind hier zum grössten Teil weggelassen.

15 I₁₇	56	50₉	24	113₁₇	24
— II₁₆	10	—₁₆	67	115 II₈₁	18
— II₂₁	66	—₁₈	67	131₉	79
16 ₈ ff.	61	61 I₈	12	136₁₀	78
— E₁₈	90	64₈	12	—₈₈	14
19 I₈₈	56	67₉	12	140₁₁	10
21 II₉	19	69₉	13	—₈₈	10
— III₁₈	10	—₈	94	142₁₀	14
22₈ f.	60	—₁₈	67	146₉	19
26 [= 447]₁₈	14	71₈₁	15	—₈ ff.	53
27₁₁	80	72₉	19	149₈ f.	63
28₁₆	12	73₈	14	153₁₆	81
33₉	85	75 II₁₆	10	—₈₇	25
—₁₀	32	78₁₁	14	156₉	10
—₈₁	32	80 [= 446]₉	11	157₈	19. 85
34	23	—₁₈	82 f.	159₉	20
— II₇	10	—₁₄	32	—₉	21
— II₁₇	10	—₁₇	11. 80	161 [= 448]₁₆	10
— II₈₈	10	—₁₉	11. 56	164₁₉	18
— II₉₉	10	—₈₄	32	166₁	15
— III₈	11	—₈₆	11	168₁₆	56
— IV₉	11	81₇	12	—₈₈	57
— IV₁₀	11	82₁₈	79	171₉	12
— IV₈₈	11	86₉	15	173₉	17
36 [= 436]₉	19. 83	—₇	18. 20. 32	176₁₀	18
37₈	36	—₁₉	18. 20. 32	177₇	31
38₁₄	20	—₁₉	32	—₁₉	24
—₁₀	20	—₈₈	20. 32	179	67
39₈₈	20	93₁	10	—₁₉	93
44₉	19	94₁₉	24	—₈₇	67
—₁₄	20	96₉	10	180₇	86
—₁₈	20	—₁₉	79	—₁₆	10
—₁₆	55	97₈₁	20	—₁₁	78
46₁₀	85	101₉	31	183	71 ff.
—₁₇	32	—₁₈	31	—₉	19
47₉	17	103₁	19	—₈	31
48₉	29	— V.₁	15	—₁₉	18. 31
—₁₈	29	106₉	10	—₈₁	14
—₁₈	29	110₁₄	12	—₈₆	31
—₁₇	29	111₈₁	12	—₄₁	14
49₉	12	—₈₈	12	184₈₈	24. 48
50₉	67	112₁₁	24. 48	188₉	12
—₉	36	113₉	31 f.	189 R₁₁ f.	78

193,13	24	256,4	15. 25	316,11 . . . 33
— II,11	81	—,9	81	—,18 . . . 33
195,19	10	—,14	10	—,19 . . . 33
196,11 f.	55	260,4	31	—,14 . . . 33
197,4	15	261,13	34	326 I,10 . . . 32
—,10	31	—,14	20	—I,14 . . . 20
—,18	12	—,17	20	—II,1 . . . 32
—,14	24	—,18	19	—II,7 . . . 15
—,19	31	—,21	20	—II,10 . . . 17
208,4	15	—,19	20	—II,13 . . . 15
223,4 f.	14	—,14 f.	20	328 I,4 . . . 19
226,15 f.	25	265,14	24 f.	—II,11 . . . 14
227,14	37	266,17 f.	45	332,4 . . . 18
231,1	25	272	67	336,7 . . . 12
233,13	92	—,4	67	340,13 . . . 19
—,14	32	—,10	67	341,14 . . . 18
234,4	57	275,4	19	347 I,4 . . . 85
—,18	57	277 I,11	38	—I,4 f. . . . 61
235,4	38	281,14	19	—I,17 . . . 79
236,4	32	—,14 f.	55	—II,1 . . . 85
240,4	11	282,4	81	=II,14 . . . 79
—,14	24	—,10	15	348,1 . . . 33
—,17	80	—,13	12	—,7 . . . 33
241,4	14	—,21	37	—,8 . . . 21
—,18	32	—,14 f.	37 f.	340,7 f. . . . 38
—,19	32	—,18	15	350,19 . . . 20
—,23	32	—,19	32	—,19 . . . 81
246,10	21	—,19	32	360,4 . . . 20
247,4	13	288,14	65	361 III,10 . . . 85
—,4	13	290,19	84	362 VI,10 . . . 93
—,4	13	300,4	67	364,10 . . . 32
248,11 f.	80	—,4	29	367,4 u. 5. . . . 15
—,10	85	—,11	18. 32	372 II,11 . . . 33
—,15 f.	80	—,19	67	379,19 . . . 36
—,10	32	301,4	18	—,14 . . . 36
—,40	66	—,17	67	380,19 . . . 32
249,14	80	303,7	17	387 I,7 f. . . . 61
—,21	66	—,19	32	388 I,14 . . . 25
250,11	79	—,19	15	—II,4 . . . 21
251,4	19	— V.,1	32	—II,14 . . . 80
—,4	31. 67	305,5	17	—II,15 . . . 85
252,7	67	308,4	29	—II,25 . . . 25
—,2	31. 78	316,19	34	—III,1 . . . 95

392 f.	61	511 15	65	578 f.	11
394 14 f.	55	515 a	19	581 a	10
395 1	15	— 16	19	— 16	10
401 10	15	— 17	93	581 f.	56
405 16	79	526 15 f.	38	585 II a	15
411 a	12	529 a	12	592 I a	10
412 f.	93	530 11	19	595 a	19
417 f.	24	531 II 1	49	— 16	36
419 f.	57	— II f.	25	597 a	20 f.
— 11	33	— II 17	18	— 16	19
423 a	19	— II 11	51	600 a	77
— 11	24	— II 14	85	601 11	11
— 16	80	536 a	24	602 a	20
432 II 2 a	32	— f.	48	607 14	18
433 f.	61	538 a	15	612 f.	56
— f.	61	— a	31	613 a	56
436 cf. 36.		— 16 f.	46	— 16	51
444 1	31	542 16	32	— 16	10
446 cf. 80.		543 a ff.	34 f.	614 17 f.	57
447 cf. 26.		— h	29. 31	— 20	10. 21
448 cf. 161.		551 a	11	615 f.	80
449 a	19	562 11	19	— 91 f.	80
451 a	19	563 I a	48	619 1	33
456 a	81	— I 14	48	620 14	45
— 16 f.	80	— I 16	48	621 16	94
464 1	18	— II a	48	624 14	24
— 16	18	— II 19	48	— 16	48. 94
467 a	18	565 11	48	— 91	94
484 a	15	566 a	48	625 16	10
488 f.	63	578 1	41		
490 a	18	— a	41		

Papyri des Erzherzogs Rainer.

I	71 ff.	I 14	18. 31	IV 13	81
— a	10	— 26	67	— 17 f.	78
— 7	15	— 40	10	— 26	31
— 11	23	— 91 f.	92	— 24	78
— 16	10	IV	74	— 26	74
— 16 f.	92	— 1	74	IX a	67
— 16	24	— a	81	— a	67
— 19	31	— 11	31	— 16	58

XI . . . . . . 72 ff.	XXIII ₄ 88	CLXXVI ₁₂ . . . 14
— ₄ 21	XXIV ₃ 87	CLXXXVIII ₁₄ f. . 92
— ₁₀ f. 76	— ₁₇ 87	— ₁₀ . . 31
— ₁₀ 31	XXV ₄ 88	— ₂₁ . . 31
XII ₂ 14	XXVI ₄ . . . . 87 f.	— ₂₂ . . 92
— ₆ f. 87	— ₅ 88	CXCI ₉ 83
XIII ₉ 67	XXVII ₇ f. . . . 50	CXCVII ₄ 83
XIV ₁₇ f. 56	— ₈ . . . 94 f.	CXCVIII ₁₇ u. 5 . 14
XVIII ₁₀ f. . . . 23	— ₁₁ 50	CCXVI ₁ 84
XIX ₉ 11	— ₁₆ 67	CCXX ₁₀ . . . 24.48
— ₁₀ 11	XXVIII ₇ 31	CCXXII ₁₀ . . . 20
— ₂₁ 11	— ₁₄ 31	CCXXIV ₁ ff. . . 34 f.
— ₂₂ 32	XXX ₉ f. 58	— ₉ f. . . . 77
— ₂₄ 11	XXXVIII ₉ . . . 38	— ₆ . . . 78
XXI ₁₂ 88	XLIV ₉ 17	— ₁₄ . . . 31
— ₁₆ 10	XLVII ₅ 13	CCXXIX . . . 67
— ₁₉ 50	CXV ₆ 75	CCXLII ₁₀ . . . 15
XXII ₂ 88	CLIV ₁₁ 78
— ₃ 50	CLXX . . . . 72 ff.

Pariser Papyri.

18 29	69 II ₁₁ 78
40 . . . . . . 26 f.	— III ₃₀ 45

Turiner Papyri.

8 76

Inschriften.
Inschriften von Pergamon.

1 . . . . . 16 f.	246 ₁₁ 82	255 ₄ ff. 54
13 ₇ 94	— ₄₈ . . . 82	— ₇ 24
— ₁₀ 94	— ₅₄ f. 81	256 ₁₄ 82
— ₁₄ 94	248 ₁ ff. 76	— ₂₁ 82
— ₂₀ f. 82	— ₄₉ 94	268 C ₁₉ f. . . . 78 f.
129 43	249 ₁₃ 55	327 81
130 43	— ₉₀ 55	357 ₉ 81
167 ₉ 43	— ₉₄ 55	374 A ₃₀ 58
— ₃ 43	251 ₁₃ 78	— B ₄ . . . . 45 f.
— ₁₆ 43	252 ₁₆ f. 91	— B ₉ . . . . 45 f.
203 ₂ 13	— ₁₀ 83	— B ₁₁ ff. . . . 95
— ₁₁ 13	— ₃₉ 22	— D ₁₀ . . . 45 f.
— ₁₇ 13	253 ₁₃ 82	459 ₂ 22
223 76	254 ₃ 85	470 ₄ 22

477	62	522₁ ff.	76	554 ₁₆	23
478	62	524 ₈	15	604	83
485 ₈ ff.	76	525 ₁₆	86	618	95
496 ₅ ff.	22	545	22	1274	13
521	76	553 K	23		

Inschriften der Inseln des Ägäischen Meeres.

2 ₄	85	149	84	833 ₈ ff.	63
— ₁₄	93	155 ₈	59	846 ₁₆	59
3 ₈	43	156 ₈	59	847 ₁₄	59
19 ₁₆	67	468	13	884 ₁₄	67
49 ₄₃ ff.	57	569	17	964 add.	67
50 ₂₄ ff.	57	646 ₈	67	979 ₄ f.	81
63 ₁	43	731	57	1032 ₇	90
— ₈	43	761 ₄₁	77	— ₈	22. 82
85 ₄	59	786 ₁₆	79	— ₁₀	90. 91
90 ₇	59	808 ₈	43	— ₁₁	81
114 ₈	17	811	43	1033 ₇ f.	22
148 ₁	13	832 ₁₃	93	— ₈	55

Corpus Inscriptionum Graecarum.

1543	65	3199	59	4137 ₈ f.	18
1770	22	3200	59	4477	16
1971 b ₈	28	3348	59	4715	46
2384	84	3490	45	4717 ₉ f.	60 f.
2421	95	3595	55	4957	46
2771 I ₉₉	82	3803	59	— ₁₆	45
2827	45	3919	45	— ₁₈	44
2842	45	3953 h	45	Add. 5866 c	46
2885	42	— i	45		
3148 ₂₄ ff.	59	4063 ₈ f.	18		

Varia.

Benndorf und Niemann		253 ₄₆ ff.	55	Hermes XVI S. 172	78
I 53 D b 11 ₁₁ f.	78	280 ₃₃	81	IGrSI 758 ₁₀ f.	93
CIA 73	44. 52. 54. 86	348 ₁₆	55	— 2139 ₈	28
— 74	44. 52. 86	379	44. 52. 86	de Vooûs 73	16
CIL III Suppl. 6583	49 f.	388 ₃₇	36	Wiener Studien I S. 33 ff.	
Dittenberger, *Sylloge*¹		— ₈₇	43		76. 78. 91
242	65	468	54	Zeitschr. f. ägypt. Sprache	
247 ₄₄ f.	81	*Ephemeris epigraphica*		und Alterthumskunde	
252 ₈	81	V S. 156	25 f.	XXXI S. 102	63 f.

¹ S. 91 Z. 12 v. u. lies 246 st. 247.

Bibelstellen.[1]

(Griechisches Altes Testament mit Apokryphen, Neues Testament).

Genesis
22,17 35
23,19 88
40,11 95
41,7 86
45,4 86

Leviticus
25,19 56

Numeri
14,29 33
23,19 27
33,37 f. 17

Deuteronomium
1,16 57
—,31 27
27,16 . . . . . 76 f.

1 Chronicorum
28,9 18
29,4 . . . . . 88. 90

2 Chronicorum
9,17 88

Judith
1,16 33
2,17 53
4,9 90

Hiob
14,9 . . . . . . 47 f.
27,8 33

Psalmi
11 [12],7 . . . 89 f.
127 [128],3 . . 47 f.
143 [144],13 . . 47 f.

Proverbia
27,21 89

Sapientia Salomonis
3,8 76

Siracides
12,13 95

Sacharia
11,6 75
—,16 90

Josaia
5,7 . . . . . . 47 f.

Jeremia
31 [38],10 53

Baruch
2,10 33

Ezechiel
33,27 33
34,8 33
35,6 33
36,5 33
38,19 33

1 Maccabaeorum
6,44 79
8,10 59

11,30 79
—,44 79
—,46 79
13,50 79

2 Maccabaeorum
1,8 42
3,11 83
4,44 79
—,47 28
11,16 59
—,19 81
—,28 79
—,34 59
12,11 79
—,19 79
—,42 . . . . . . 46 f.
13,22 79
14,19 79
—,28 90

3 Maccabaeorum
3,7 83
6,41 90

4 Maccabaeorum
9,8 91

Matthaeus
1,18 81
2,10 f. 81
—,13 81
—,28 81

---

[1] Nicht zu allen behandelten Formen und Wörtern sind die Stellen angegeben, vergl. die Bemerkung S. 14.

5,4 N	10	20,13	52 f.	26,7	90
6,9	56	21,17	37 ff.	28,9	83
—,9	56	22,19 *A*	37 ff.	—,20	86
—,11	42	23,7	56		
—,18	56	24,4 A	90	**Paulus**	
7,21	26			**1 Thess.**	
10,8 f.	76	**Apostelgeschichte**		2,10	75
11,19	85	1,18	90		
18,23	48	—,19	36 ff.	**2 Thess.**	
21,7	39	—,19	24	3,11	52
—,44	52 f.	—,20	95		
24,3	39	2,9	59	**Gal.**	
—,21	75	4,8	95	2,9	79
26,20	39	—,29	59 f.	3,10	76 f.
27,19	81	5,13	95		
		6,9	18. 60	**1 Cor.**	
Marcus		—,8	60	6,1	60
5,9	37	7,51 D	19	—,13	30
7,21	17	9,20	17	7,9 A	20
9,18 A	26	—,20	17	—,8	32. 82 f.
11,1 Bk	37 ff.	10,22	93	—,10	67
12,19 N	18	12,10	17	—,11	67
13,3	39	14,21 D	18	—,19	67
—,27	75	15,1	79	10,9	51
14,24	89	—,19	60	12,13	80
15,21 N* B*	10	—,20	59	15,8 f.	78
		16,9	93	—,20	80
Lucas		—,20	54	16,7	80
Evangelium		17,11	82		
1,9	79	18,9	15	**2 Cor.**	
—,10	59	—,8	80	1,9	85
2,43	79	—,21	80	4,13	78
5,11 D	18	19,9	60	5,10	80
—,28	78	—,11	83	7,1	44
6,44	56	20,28	24	8,9	78. 88
11,2	42	21,13	80	—,13	49
13,14	18	—,20	60	9,9	49
14,10	95	22,10	93	10,4	9 f.
15,10	57	23,20	57	11,2	94
16,10	85	24,17	86	—,20	11
19,22	37 ff.	25,13	85	12,9	18
—,27	39. 59	—,21	56	—,4	18
		—,14	59	—,14	80

Rom.

3₁₁	94
5₁₆	92 f.
—₁₆	92 f.
8₁	92 f.
—₁₁	81
12₁	82
15₁₆	86
—₂₂	65 f.
16₈	15
—₇ NAB	19

Col.

1₁₆	51. 75
2₁₄	67. 80

Phil.

1₄	78
—₅	81
2₈	84
4₈	93
—₁₆	56. 86

1 Tim.

2₁	78
—₆	83
3₈	47 f.

2 Tim.

4₁₆ CA	10

Tit.

2₄	83
—₇	81
—₈	28

Johannes Evangelium

6₁₆	85
8₁	39

Briefe

I 4₁₆	27
III ₈	75 f.

Apokalypse

2₁₃	15
3₄	24
4₇	94 f.
11₁₆	24
—₁₆	17
13₁₁ α.	68 ff.
—₁₆ f.	68 ff.
15₈	17
21₈ N°A	19

Epistoln Jacobus

1₈	86 ff.
2₈	78

3₁₁	22
5₁₆	91 f.
—₁₆ A	26

1 Petrus

1₇	86 ff.
—₁₆	94
2₈	84
—₉	86
—₁₁	22
4₈	80
—₁₆ (ἀλλοτριοεπ.)	51

2 Petrus

2₁	18

Judas

₈	95

Hebräer

2₁₇	52
6₈	80
—₁₄	33 ff.
—₁₆	56
7₁₆	55
8₈	18
9₁₄	44
—₂₄	55 f.
13₁₆	22

Didache 13₈ . . . 63

Von demselben Verfasser erschien in unserem Verlage:

Bibelstudien.
Beiträge,
zumeist aus den Papyri und Inschriften,
zur Geschichte
der Sprache, des Schrifttums und der Religion
des hellenistischen Judentums und des Urchristentums.

Mit einer Tafel in Lichtdruck.

1895. gr. 8. XII, 297 S. Mk. 8.—.

Die neutestamentliche Formel
„in Christo Jesu".

1892. gr. 8. X, 136 S. M. 2.50.

Johann Kepler und die Bibel.
Ein Beitrag zur Geschichte der Schriftautorität.

1894. 8. 36 S. M—.60

Marburg i. H. **N. G. Elwert'sche Verlagsbuchhandlung.**

N. G. Elwert'sche Verlagsbuchhandlung, Marburg i. H.

Achelis, E. Chr., Aus dem akademischen Gottesdienste in Marburg. Predigten. 3 Hefte in 1 Band. 8. VI, 111. IV, 107. u. IV, 147 S. 3.40. Gebunden in Leinwand 4.50

Beer, G., Individual- und Gemeindepsalmen. Ein Beitrag zur Erklärung des Psalters. gr. 8. CI, 92 S. 4.00

—, Der Text des Buches Hiob untersucht. Erstes Heft. Kapitel I—XIV. gr. 8. IX, 89 S. 2.80
(Der zweite Teil ist im Druck).

Heinrici, C. F. G., Schriftforschung und Schriftautorität. 8. 31 S. —.60

Herrmann, W., Der evangelische Glaube und die Theologie Albrecht Ritschls. Rektoratsrede. 2. Aufl. gr. 8. 30 S. —.60

Kolbe, W., Die Kirche der heiligen Elisabeth zu Marburg nebst ihren Kunst- und Geschichtsdenkmälern. 2. vermehrte und illustrirte Auflage. Lex.-8. 2.—
Gebunden in Leinwand 3.50

Kraetzschmar, R., Die Bundesvorstellung im Alten Testament in ihrer geschichtlichen Entwickelung untersucht und dargestellt. gr. 8. VI, 254 S. 6.40

Külz, E. O., Die epistolischen Perikopen, auf Grund der besten Ausleger älterer und neuerer Zeit exegetisch und homiletisch bearbeitet. 2 Bände. gr. 8. VI, 328 S. u. 327 S. 6.—

Ley, J., Historische Erklärung des 2. Teil des Jesaja, Kapitel 40 bis Kapitel 66 nach den Ergebnissen aus den babylonischen Keilinschriften nebst einer Abhandlung: Ueber die Bedeutung des »Knecht Gottes«. gr. 8. XII, 160 S. 3.—

Mangold, W., Der Römerbrief und die Anfänge der römischen Gemeinde. Eine kritische Untersuchung. gr. 8. VIII, 183 S. 2.50

—, Der Römerbrief und seine geschichtlichen Voraussetzungen. Neu untersucht. gr. 8. XIII, 368 S. 7.20

—, Drei Predigten über Johanneische Texte. 12. VIII, 51 S. —.50

Mirbt, C., Die Wahl Gregors VII. 4. 56 S. 2.—

—, Die Religionsfreiheit in Preussen unter den Hohenzollern. Rede zur Feier des Geburtstages Sr. Majestät des Kaisers und Königs am 27. Januar 1897 in der Aula der Universität Marburg gehalten. gr. 8. 21 S. —.50

Rönsch, H., Itala und Vulgata. Das Sprachidiom der urchristlichen Itala und der katholischen Vulgata unter Berücksichtigung der römischen Volkssprache durch Beispiele erläutert. 2. berichtigte und vermehrte Ausgabe. gr. 8. XVI, 526 S. 6.—